教育发现书系
Discovery

翟幸福 主编

做幸福的老师

ZUOXINGFUDELAOSHI

山东文艺出版社

编　委　会

主　编：翟幸福

副主编：王霄鹏　郭金汉　田保华

编　委：周怀军　王晓强　崔林斌　王海花　李　勇　王海明
　　　　娄季俭　张金庚　郭向敏　孙成俊　康　辉

编　辑：陈　颖　孙宏伟　晁代聪　张　宏　孙代强　王运涛
　　　　李　茜　王慧娟　朱慧英　樊俊民

序
Zuo Xing Fu De Lao Shi

追寻幸福 "博"出精彩

韩愈说:"师者,传道授业解惑也。"哲学家说,教育本身就意味着"一棵树摇动另一棵树,一朵云推动另一朵云,一个灵魂唤醒另一个灵魂"。这些话语,一是诠释了教师肩负的历史重任,二是道出了"教师"这个职业的高尚与职业的幸福。

幸福到底是什么?曾经有心理学家对数千人进行了"什么是使人幸福的最重要因素"的问卷调查。调查结果表明,使人幸福的最重要因素不是金钱、成功、健康,甚至不是美满的爱情、婚姻和家庭。真正幸福的人只有两点是共同的:他们明确地知道自己的生活目标,同时他们也感受到自己正在稳步地向目标前进。这是人的潜能不断挖掘、创造力不断激发、朝着自由全面发展的方向展开的一种生活的实在和对未来的憧憬,这才是幸福。

教师的职业幸福既是个人需要与社会需要的统一,又是个人价值和社会价值的有机结合。作为一名教育工作者,作为一名教师,我们首先是一个完整的人,要有自己的精神空间,要以一种积极的心态去享受生活,更重要的是,通过一些渠道,让自己的人生更加丰盈,让自己的内心更加舒展。

知识和文化修养是我们感受和创造职业幸福的关键。古人云:大业非才不就,大才非学不成。萧伯纳说过:"你有一个苹果,我有一个苹果,彼此交换,每个人还是一个苹果。但是如果你有一种思想,他有一种思想,彼此交流,那么,每个人则都有两种思想。"这两句话说明了学习与交流的重要性。如何提高自己的文化素质,如何加强与其他同行的交流与沟通,这是摆在我们面前的问题。2006年,郑州教育博客建立,为这个问题的解决,提供了一个很好的平台。在现代教育中,博客逐渐地被应用到教育教学的实践领域中来,对传统的教育教学造成了一定的影响。它为学生提供了一个全新的学习空间,也使传统的教学方式得以优化更新,更促进了教师与教师、教师与学生之间的无限自由的协作与交流。教师写博,成为一种新的生活方式,新的工作方式,新的教研方式,新的教育方式,新的思维方式。同时,写博也成为我们心灵的释放和升华的新的途径。

自2006年以来,郑州市先后举行了四届博客大赛。目前,第五届博客大赛正如火如荼地进行着。教师们在博客中用键盘耕耘,用语言播种,用汗水浇灌,用心血滋润,碰撞出思维的火花,交流着教学的经验与困惑,书写着自己职业的幸福,积极地为我市教育事业的发展建言献策。几年来,郑州教育博客中涌现了大批的优秀博友,创作了大量优秀的文章,为我市教师整体素质的提高做出了极大的贡献。读完《做幸福的老师》这本文稿,我心中也荡漾着由衷的自豪与幸福。这本书凝聚着郑州教育博客编辑及博友的心血与智慧,内容涉及课程改革、课堂教学、教育现象、管理探索、学习感悟、师长、朋友、学生、家人……从中反映出郑州教育人的追求、观念、见识、友谊、亲情、心性……一气读来,如涓涓细流,有着音乐般的节奏,随意而亲近;似清泉一泓,带来泥土的芬芳，沁人心脾。魂魄随阵阵清风，弥散在郑州教育这方热土……

当写作成为一种习惯，思考便成为一种习惯，学习便成为一种习惯。在写作的过程中，在与博友的交流中，使自己的认识得到了升华。当写博成为一种习惯，思想不再懒惰，生活不再平庸。让我们一起来追寻幸福，"博"出自己的精彩，"博"出郑州教育的辉煌！

翟幸福

2011年2月

寄语 1
Zuo Xing Fu De Lao Shi

幸福比优秀更重要

李镇西

这本郑州中小学老师的教育博客文章汇编叫《做幸福的老师》，这书名真好！

谈到对教师职业的理解和教师专业成长，我们有许多振奋人心、高瞻远瞩的说法，比如"不做教书匠，要做教育家""追求卓越"等等。我一点都不反对这些说法。如果我们的教师人人都成为"教育家"，个个都"卓越"，中国的教育将是怎样的辉煌与壮观？但实际上，由于种种原因，这种"辉煌与壮观"永远达不到。对多数老师，特别是一线老师而言，只要能够做一个幸福的教师，就很不错了。

这个境界低吗？一点不低。

这里的"幸福"，在我看来至少有三个含义：一是有标准不算太高但比较体面的物质生活；二是有课堂教学、班主任工作的成就感；三是在教育过程中，能够体验到超越物质与功利的精神享受。

本来，"优秀"与幸福并不矛盾，但很多时候，我们孜孜以求所谓"优秀"乃至"卓越"，却失掉了幸福。

所谓"优秀",至少有两个含义,一是指我们做得比别人相对出色一些的工作及其成果;二是指我们获得的各种荣誉称号。不管是在哪个意义上使用"优秀"这个概念,我都认为幸福比"优秀"更重要!

如果是在第一个层面说"优秀",那么我们总要和别人比较,因为"优秀"总是相对而言;因为比较,我们求胜心切,我们精益求精,我们永不满足,我们"欲壑难填"……当然,从积极意义上看,这正是我们上进心的表现,"永争第一"嘛!但同时,在这比较的过程中,我们渐渐失去了从容自如的心态,失去了"慢教育"的智慧,也失去了教育的优雅与情趣,甚至我们潜在的或者说沉睡的功利心渐渐苏醒,让我们备受折磨,于是,教育的幸福也不知不觉远离我们而去。

如果是在第二个层面说"优秀",那么我们免不了要关注教育以外的人和事,因为"优秀"不能自己说了算,总得要人家来评比和选举。也许你的工作的确比别人做得好,去年高考你也"培养"(这里打引号是因为未必是你一个人培养的)了一个县状元,于是你自认为优秀,可这次学校却只有一个"优秀"的名额,而还有比你更优秀的——和你同一教研组的一个同事今年还培养了一个市状元呢!于是,这"优秀"的桂冠便落到了他的头上。你想"优秀"也不能。何况,如果你所在的学校风气不那么正,即使你的工作和成果的确出类拔萃,可是你不善于搞庸俗的人际关系,更不善于和领导拉关系,那无论是群众投票,还是领导推荐,人家就是不让你"优秀"!

想"优秀"而不得,怎么办?我的回答是,那就别管什么"优秀"不"优秀"啦,还是追求纯粹的教育幸福吧!因为——

"优秀"与否是别人的评价,"幸福"与否是自己的感觉。

在一次和我校一位年轻老师谈心时,我说:"作为普通教师,通过自己卓有成效的工作赢得世俗的名利——'优秀'呀,'先进'呀,'学科带头人'呀,'特级教师'呀,一点都不可耻,相反,这让我们都感到自豪，因为这本身也是我们价值的标志之一。但是，由于种种原因，哪怕这些'优秀'你都没有，也不要紧：我不'优秀'，但我很幸福啊！这也就够了。"

我现在越来越坚定地认为，一个教师，是否"优秀"不是最重要，是否"卓越"更无关紧要，最最关键的是，是否"幸福"！

也许有老师会说："您现在功成名就了，当然会这样说。就像有钱人总会说'钱不重要'、明星们总会说'做名人难'一样。"其实不是。从对工作的投入来说，我从教29年来一直保持着同样的痴迷状态；但很长时间里，按一般人的眼光，我并没有得到"公正的对待"。我的好些富有个性的创新做法不但没有被领导鼓励，反而多次招来批评。围绕我的争议，一直没有中断过。我的"特级教师"是几年前才评上的，各种荣誉也是近十年来才拥有的。但无论是我被穿小鞋的时候，还是现在"风光"的时候，我都把我和学生的关系——或者说把学生对我的爱看得比任何"荣誉"更重要。因为这是我内心的幸福，是别人不可能给我的，是不必看别人脸色就可以得到的。

本期开学第一次教工大会上，我校潘玉婷老师做了一个班主任工作的报告，感动了所有老师。我在点评的时候说，潘老师的报告给我一个启示：做幸福教师，留温馨记忆！前者是自己的追求，后者是学生的收获。我们在体验教育过程幸福的时候，不但让自己愉悦，也给孩子的未来留下了充满人性的温馨记忆——实际上，这份温馨记忆也是属于我们教师的。潘老师为人低调，性格腼腆，但学生对她喜欢得不得了。她说："我执著于自己的追求，保持一种宁静淡泊乐观的心态，从学生的成长中获得一种幸福。我一直被学生感动着：学生给我的拥抱；因为下雨，自行车的坐凳湿了，有学生悄悄地放了一包纸巾在我的自行车的筐里，晚上发短信给我告诉我下雨骑车要小心，告诉我天气不好，要注意保暖……今天放学时，一位曾经很调皮的孩子走到我的面前给我鞠了一躬，告诉我他以前走了弯路，我帮助了引导他回头选择了正确的路，他不会让所有对他有期望的人失望。看到他满含眼泪的眼睛，一股暖流涌进心里……我会静静地把这种幸福延续下去的。"

其实，哪里只是潘老师才如此幸福？这本《做幸福的老师》中每一篇博文的作者，都是这样普通而幸福的教师。

说到教师职业的意义，我们往往喜欢"对外"说要"培养学生"，要"改造中国"，要"促进社会发展"，要"推动人类进步"……这些当然是教育的使命，但我们忘记了"对内"——就是面对自己的内心想想职业的意义何在？说实话，改变学生改造社会，有时候不全部取决于自己的个人努力，其过程是相当艰巨而且漫长，甚至悲观一点地说，可能我们终其一生，也没能改造中国教育，但是，我们能够改变自己，改变自己的精神世界，让我们能够过一种新教育实验所追求的"幸福完整的教育生活"。

我们知道，教育的艰巨有时候出乎我们的意料，我们的教育对象无法选择；面对我们不甚满意却无法改变的客观现实，能够改变的只有两点：职业，或职业心态。郑州市的许多教育同行选择了后者。于是，在有的教师盲目而麻木地重复每一天单调的教育的时候，他们却通过思考，通过创造，通过阅读，通过写作，让自己的教育生活尽可能有滋有味。于是，课堂成了挥洒生命的舞台，学生成了心心相印的伙伴。甚至遇到的每一个难题，包括每一天都会给我们带来"悬念"的后进生，都成了他们的课题，他们从中获得了科研的愉悦，教育的乐趣，人生的幸福。

无数个普通日子里无数普通的思考、普通的情感、普通的人物、普通的故事、普通的智慧……便凝结成不普通而且温馨的记忆。郑州市的老师们，把这一切记录下来，通过敲击键盘发到网上，变了成一篇篇朴素而真实的文字。

我曾经为我校老师的教育随笔写过一篇文字，其中有几句话完全可以借用在这里表达我对郑州市中小学老师们的敬意和对这本博文集子的评价——

  作为一群平凡的教育者，我们没有想过青史留名。我们知道，我们这些朴素的文字，很难成为什么什么的"里程碑"或"开创"了什么什么的"经典之作"。在人类漫长的历史中，我们的文字连如彗星扫过夜空都谈不上，最多昙花一现。但即使如此，我们也心满意足，毕竟我们的生命和我们学生的生命一起芬芳过，璀璨过。

  我们并不自卑。我们坚信，无数和我们一样的教育者忠实记录自己心灵的文字，汇合在一起，便构成了我们这个时代气势磅礴的教育交响曲。能够成为这伟大壮美乐章中的一个美丽音符，我们很自豪。

还是回到"幸福"的话题——不"优秀"不"卓越"不是"教育家"都不要紧，只要幸福便足够了。"优秀"教师是有限的，而且往往和机遇甚至人际关系有关；但幸福的教师有千千万万，而且就在我们身边，或者就是我们自己！

（作者系著名教育家、成都武侯实验中学校长）

寄语 2
Zuo Xing Fu De Lao Shi

学习是一种品格

李炳亭

"当你躺下睡大觉的时候,世界却在发生着变化。"说这句话的人叫托马斯·费里德曼,美国人,他曾经写过一本书《世界是平的》。在这本书里,这位著名学者告诫我们,因为通讯手段的发达,整个世界的差距正日益缩小。假如世界真是平的,那么,我们该怎样"变"?

教师,很大程度上是作为一个国家的希望而参与到世界文明进化链条中的,前提是教师必须敢于担当这个使命与责任。教育是一份需要良知的事业,教育人的良知决定着教育的营养与品格。因此,我们才惯常这样概括,有什么样的教师就有什么样的教育,有什么样的教育就有什么样的国家。

可长期以来,我们对教育与教师的尊重显然仍不够,你不能全凭喊一些口号,教育可能不止是口号而更多考验的是付诸怎样的行动!看今天教师的待遇便知道教育的地位,看教师的生存状态便知道教育的品质,因此,无论给予教育与教师多么的重视都不过分!

我们必须尊重教师,"优先"教育。"教育的希望在教师",这是温总理说过的，我相信他的原意一定不是在呵斥教师，把教育的"病因"一股脑儿地强加给教师。可现在就有很多人一直这样干，总是把教师当成教育的"原罪者"，这不符合科学发展观，甚至还包括无限放大"教"的功能和教师的"作用"，这其实也是"教师原罪"说的延伸呀。教师是一个特殊职业，这句话没错，但支撑这个观点的是教师首先是一个"普通人"，从"人本"的角度来看，教师需要过一种幸福而简单的教育生活。

过什么样的生活首先取决于教师自身的愿望。我是说教师要不要这样的生活呢？因而，教师的生命自觉将起到根本性作用。然而，遗憾的是，有些教师却一直缺乏这样的生命自觉，自然"育人"的事就无从谈起了，我们只能剥离生命与血肉来谈论知识与分数。正像马斯洛晚年哀叹的："在一个一米五房间里量身高，所有人都不超过一米五。"这样的教育显然是不"道德"的！因此，我们必须呼唤"新教师"的诞生，我甚至很愿意这样下一个结论，教育的希望在新教师。

那么，阅读与写作，则可以协助教师完成心灵与生命的进化，这些结集而出的文字就变得很有意义，我觉得它是一场灵魂进化的长征。这些文字，正生动地向我们讲述这场长征与众不同的经历，那些句号或许是我们圆睁着的漫漫长夜里探究的黑眼睛；而叹号是间或的一丝惆怅的叹息；逗号呢，代表着有些事还没有完成；顿号则是又多了一层顿悟，分号就相当于一段情感的总结；那些省略号，总让我们感到意犹未尽……

教师正是在这样不断地学习中来完成精神腾越的。当我们把学习列为一种最主要的素质时，那么学习力则成为教师生命中不可缺少的重要品格。

不学习，怎么能成为一个"新教师"呢？

（作者系高效课堂倡导者、中国教师报采编部主任）

目录

序
追寻幸福　"博"出精彩　翟幸福　/ 1

寄语
幸福比优秀更重要　李镇西　/ 1
学习是一种品格　李炳亭　/ 6

课改论道
"有效教学"呼唤科学精神　王西川　/ 3
努力打造道德课堂　贾天宝　/ 6
教育的新装　王　芳　/ 10
从道德课堂出发　白秋丽　/ 14
我的教学观和教育观　陈爱勤　/ 19
在细化中成长　在高效中前行　王军红　/ 23
期待那片更高的天空　杨丽霞　/ 29

课堂聚焦

"为有源头活水来" 崔矿山 / 35

课外阅读突出三个"巧" 刘文玉 / 39

浅谈对中学生数学学习兴趣的培养 赵金启 / 42

高效课堂下的语文教学 宋俊艳 / 46

小学英语合作分组学习策略研究 陈 楠 / 54

葫芦丝音乐在农村中学音乐教学中应用的尝试 荣军梅 / 59

写好作文评语 李伟强 / 62

反思——指尖上的舞蹈 谭 政 / 65

以课题为载体的教学评价研究 于红莲 / 68

课堂上学生为什么不爱举手 陈红伟 / 71

班主任真金

班主任工作的真金 魏宝香 / 77

如何关爱自己的学生 孙红丽 / 82

问责与班级管理 鲁秋敏 / 85

班级管理的反思 王 岩 / 87

"组合型"班级的激励方法和管理艺术探讨 郑继超 / 90

心理学常识在教学管理工作中的运用 张 胜 / 98

把女生捧在手心 男生拴在腰上 姜红敏 / 106

教师"威严"谈 赵梅香 / 109

劝老师莫生气 孙留庆 / 112

育人支招

致学生的一封信 丰 珂 / 117

用爱心感动学生 鲍东峰 / 120

教师如何教育好自己的孩子　时云峰　/ 125

一起走进星光大道　姜艳玲　/127

做孩子生命中的贵人　张倩倩　/130

如何让孩子度过暑假这个"真空地带"　张保泉　/ 133

如何教育好自己的孩子　杨志茹　/ 136

家校合力为孩子支撑一片蓝天　侯新琴　/ 140

教师成长

做幸福的老师　杜淑丽　/ 147

好老师是什么样的　路　洁　/ 151

教师的"奶酪"　张丽宁　/ 156

教师应像树一样的生活　毛广伟　/ 158

高效课堂的"哑巴精神"　楚红丽　/ 160

感动　快乐　成长　肖海花　/ 164

青年教师的化蛹为蝶　李　彤　/ 168

从面试的情况看教师的培养　余　君　/ 170

面试"感想"后的反思　陈云雁　/175

教育叙事

一次课堂突发事件所引发的　申淑霞　/ 181

不得不说的遗憾　时朝莉　/ 186

我的学生小川　刘跃峰　/ 191

我的教学故事　李　环　/ 198

请给我一点尊重吧　张　勇　/ 206

以"择婿"、"选媳"的标准培养学生　邓明霞　/ 209

从平凡到卓越的转变　王运巧　/ 211

爱学生是教师的天职　张文枝　/ 214

博客情缘

郑州教育博客文化建设的方向　王运涛　/ 221

教育博客，我们的家　张　宏　/ 225

博客让生命更精彩　李　茜　/ 228

为伊消得人憔悴　笑揽风云一家人　朱慧英　/ 235

我与郑州教育博客一起成长　晁代聪　/ 239

我的一世情缘，我的家　孙留庆　/ 244

既种荆棘也种花　田德震　/ 247

教育博客，生命中的一抹亮色　赵　雪　/ 250

乘上教育博客列车，收获美丽风景　高　飞　/ 253

搭上末班车——我和教育博客的故事　王春法　/256

博客情缘　朱海梅　/ 262

课改论道

Zuo
幸福
De Lao Shi

男たちの道

"有效教学"呼唤科学精神

王西川

随着基础教育课程改革的不断深入,"上好学"成为人们的普遍追求,大家越来越关注教学的有效性问题。人们提出教学也是科学,"教学是可以运用观察、实验等科学方法,通过变量分析来研究的",成为有效教学的重要理论依据。有效教学的核心问题就是教学的效益,即什么样的教学是有效的。"有效"相对"无效"而言,成为当前教学关注的重要问题。

从技术的层面说,"有效教学"已逐渐形成一整套较为完善的教学策略:1. 教学目标要有利于学生的整体发展,并且有明确的任务指向;2. 学生积极参与教学活动,并对教学活动产生深层的理解;3. 注重知识建构的过程;4. 教师既要关注效率,又要关注效益;5. 教学效果能够测量和易于评价;6. 教师具有反思意识。近年来,以杜郎口中学课堂教改模式为代表的诸多教学模式,无一不体现出"有效教学"的实用价值。

不过,有一种倾向值得我们警惕:人们对"有效教学"策略的工具性理解日益增强,却忽视了"有效教学"过程中作为主体的人(教师和学生)的存在状态,大家更多关注的是学生的学习,而不是关注学习的学生。"向四十五分钟要质量"、"决战课堂"等成为时髦的口号,成为导致学生学业负担过重和精神压力过重的一个因素,也成为导致教师教学负担和心理负担过重的一种原因。

我认为,"有效教学"需要呼唤科学精神和人文精神。因为学生和教师都是鲜活的生命体,学习和教学的过程都是一种生命成长历程,而生命的成长需要"由内而发"。我们所追求的"有效教学"不仅要关注"怎样培养人",更需要关注"培养什么样的人"。

一位老师如是说:"'被'是今年太过流行的词汇,'被开心'、'被富裕'、'被自愿'……那么在你的课堂上,你的学生'被主体'了吗?'学生为主体',就是把学生放在重要的位置上去,那么,是不是只要学生说得多、活动占得时间多就是以'学生为主体'了呢?所谓把课堂还给学生,到底是把什么还给他们?"

看过很多课,总感觉幕后有双巨大的手,孩子们的脖子上是有绳子的,他们仿佛是一个又一个的木偶,那双大手一定会在他需要的时候牵动那些绳子,于是这些木偶就会此起彼伏地站起坐下,这就被称为学生活动的活跃。而很多情况下孩子们为了小组的分数不会因为自己而被扯后腿,或者不会因为自己没有回答一个问题而被称作胆量小,就在自己对文本其实还没有深入地阅读和仔细地分析时,就"大胆积极"地回答问题,很多时候,其实他的回答与问题风马牛不相及或者是肤浅粗陋的,这时老师便会适时地点拨,显示了老师高出群体的作用。热闹的课堂并没有给读书应有的"沉潜下去"、"浸润心灵"的环节,这就是学生"被主体"了。这种"被主体"有时是老师在演,有时是学生在老师的指导下演,更多的人叫它展示。

我认为,上述老师提出的问题说明:缺失了对人的尊重的教育是不人道的,教学过程也不例外。教育教学是科学,需要科学方法的指导,但是更需要科学精神的引领与观照。科学精神就是自由的思想和独立的意志，是"育人为本"，是让学生在征服知识的过程中去收获教育，经历人生，提高生命质量。"有效教学"之有效，应在于教师能够帮助每一位学生都找到适合自己发展的学习途径和方法，而不在于表面上的学习氛围浓厚与学习效果显著。显然，拥有了科学精神的"有效教学"，才会有效引领教师克服心浮气躁、急功近利的工作心态，真正落实教育的功能，提高教学的质量。

早在八十年前，由梅贻琦先生提纲、潘光旦先生执笔的《大学一解》中，曾经提出过"从游"的说法，即："学校犹水也，师生犹鱼也，其行动犹游泳也，大鱼前导，小鱼尾随，是从游也，从游既久，其濡染观摩之效，自不求而至，不为而成。"我想，这是否是先人对"有效教学"科学精神的一种悟读，更是给我们的一种启示呢？

努力打造道德课堂

贾天宝

泰戈尔说过:"教育的目的应当是向人传送生命的气息。"然而,在"一切为了应试"的课堂上,不少教师以"为学生的将来负责"等美丽的借口,从事着极不道德的教育教学。他们把学生当成产品,使用一成不变的无趣的教学模式和冰冷的情感教育学生,他们把智力劳动变成了体力劳动,让健康、活泼、可爱的学生如坐针毡、身心疲惫,逐渐"规矩"起来,越来越像文学作品中鲁迅先生笔下的成年闰土了。

纵观我们现在的课堂,老师一直在进行知识的传授,而学生没有去真正地、独自地学习和体验。课堂上,我们都是在想"学生学会了没有",而不会去考虑"学生怎样才能学会","学的结果又如何"。整堂课也都是从自己的角度来设计,没有考虑学生的实际学习能力,没有为不同学习能力的学生设计出有层次的教学目标,教法单调,课堂气氛紧张,师生关系生硬……如此教学会导致学生完全成了接受知识的机器,主体地位丧失,生命活力缺失;少的是积极、愉快、兴奋、探索、成功的体验,多的是枯燥、乏味、疲惫、厌烦、挫折的感受。再长远一点想,即使学生的成绩提高了,可意义何在?很多这样的实例告诉了我们:我们只是培养了一批又一批只会死读书、读死书、会考试的机器人，他们没有实践能力，不会做人、不会做事、不会合作和不会生活。这样急功近利、片面追求成绩的课堂虽能赢得分数，但很大程度上抑制了学生的个性发展，扼杀了学生的学习兴趣和学习能力，代价太大，成本太高！

"养鱼养水，养树养根，养人养心。"教育的目的就在养心，既是在养我们教育者的心，也是在养学生的心。田保华局长的这句话深深地震撼了我们，在课堂上我们到底要留给学生什么呢？作为教师，更值得我们反思的是，我们天天忙碌在课堂上，我们的课堂到底要留给学生些什么？除了知识的收获、能力的递增之外，重要的还要保持学生持续探索、研究、创造的激情，以及学习的自信、丰实的人文情怀、良好的心态、思维方式和行为习惯等。这一切目标的实现，重在课堂——一种让学生喜欢的课堂，一种能充分释放学生的课堂，一种充满爱和人文关怀的课堂，一种以"育人为本，以学生的发展为本"的课堂。

正如田局长所言，我们要用"合道德"的方式，在充满尊重、关怀、民主、和谐的环境中，在保证学生身心愉悦、人格健康、精神自由、生命自主的学习过程中，使学习者获得学业进步和身心全面发展。我们要以学生的全面发展为本，在课堂教学中要关注每一位学生，关注学生的情绪、生活和情感体验，关注学生的道德生活和人格养成，把学生"今天的健康成长"和"明天的幸福发展"有机地统一起来，就像上海一师附小副校长说的那样："教学生五年，为学生想五十年，为国家想五百年。"

那么该如何构建道德课堂呢？

首先要加强师德修养。

学生的成长不只是靠阳光、雨露、面包和开水就能完成的，他们需要一样与植物和其他动物所不同的东西——这就是火热的心与真诚的爱。这些都离不开教师优秀的道德品质，因为只有高尚的道德，才能使老师内心充满爱，进而把这种爱迁移到教师所教的学科上，所以有高尚道德品质的教育是我们教学上的巨大推动力。没有这种爱，小舟就会搁浅，任何努力也无法使它移动。

加强师德修养后，你就会把学生当成一个人，自己就不再会有高高在上的感觉，当学生成绩暂时落后时，你就不会挖苦、讽刺、嘲讽学生；不会把学生赶出教室，让学生站在走廊度过上课时间。把学生当做一个发展中的人看待，你就能正确看待学生的不足和缺点，"人非圣贤，孰能无过"，更何况是一个孩子！

其次需要创造和谐的师生关系。

"学生不是一只筐，什么都可以往里装"，我认为首先应该创造和谐的师生关系，"亲其师才能信其道"。课堂属于学生，学生是探究者、体验者、合作者、表演者。学生在课堂上，不应有拘谨、胆怯和压抑感，应该投入自由轻松的学习氛围中。为建立和谐的师生关系，我们要把微笑带进课堂、把激情带进课堂、把激励带进课堂、把竞争带进课堂、把幽默带进课堂，让学生在轻松的氛围里开始知识的旅程。在教学的过程中要让学生敢说、敢做，哪怕是错的，与教师的想法不一致，也要让学生把话说完，教师不要无故打断学生或者代替孩子说。尊重每个学生，把时间还给学生，把课堂还给学生，遵循学生的身心发展规律，尊重保护学生的个性发展，少教多学，变剥夺、霸占为指导、提示、帮助，让学生做真正的主人，让他们充分活动、自由发言，让学生尽量从互助中悟到知识。教师的眼睛要时刻关注到教室的每一个角落，每个学生的细微反应，努力营造宽松和谐、轻松愉悦的学习氛围。学生在课堂生活中有了灵动与热情，就不再觉得学习是对一种"苦差事"，就会变"苦学"为"乐学"。

再者还要灵活运用各种教学方法，促进学生的思维发展，让学生会"问"会"学"。

在选用教学方法的时候，要结合学生的个体差异、知识基础等实际情况选择有效的教学方法。教师重在指导，通过一个个有效的问题激发学生的求知欲，让学生通过质疑、实践、合作、讨论、验证等过程找到解决的方法和答案。这样不但可以让孩子体验到成功的喜悦，还可以让学生慢慢掌握学习的方法并养成质疑的习惯。提出一个问题比解决一个问题更重要，所以在教学中一定要重视培养孩子的质疑能力。只有这样，我们才可以带着学生一起在知识的海洋中遨游，在智慧的蓝天上飞翔。

总之，道德课堂就是学生主动学习、积极思考的课堂，是学生充分自主学习的课堂，是教师热情洋溢的课堂，是师生互动、生生互动的课堂。道德缺失的课堂很容易使教学转化为一种机械的、单调的知识传授和行为训练模式，很容易使学生产生枯燥、疲惫、厌烦、焦虑等。若将善待学生生命落实在课堂之中，课堂必然是鲜活的，富于人性的。让我们在道德的环境中对学生进行道德教育，使课堂教学过程和结果都合乎道德的要求，让我们的学生都能有自主学习的习惯，有和谐的师生关系，让课堂成为道德的课堂，让课堂充满生命的活力！

教育的新装

王 芳

记得原来看过一个冷笑话,是一则小对话,最后的结论是:我们的大学教育缺什么?答曰:缺德。

从新课程改革以来,作为一名教师,这些年听过台湾、香港、新加坡、马来西亚等地方的专家或名师的课堂教学,也浏览过东亚一些国家的教学内容,阅读过美国中学语文教材……通过对比,好像没有发现过多的"美其名曰"。反而我们的教育好像一直在追求着各种变化。调节教学、愉快教学、赏识教育、高效课堂、有效教学、生本课堂,今年一开学,我又要关注另一个名字——道德课堂。

既然上升到道德高度,那什么是"道德课堂"?在网上浏览了好久,明白"道德课堂"就是要让教育者用道德的方式去从事教育教学,并让师生从课堂生活中"得到愉快、幸福与满足;得到自我的充分发展与自由;得到唯独人才有的一种最高享受"。

而此标签的产生与课改以来"涛声依旧"的"应试本位"的教学观、"知识本位"的课堂观、"分数本位"的评价观有关。这些"观"使我们的课堂教学中有"教"无"学",或有"教"无"育",与社会远离、与生活远离、与实践远离、与学习者的生命远离。其主要表现是课堂的"灌",作业的"滥",考试的"多",管理的"死",本应着眼"人"的发展和充满生命活力与情趣的学习过程以及校园生活,被简约化为见"分"不见"人"的特殊认识活动。这种"人学空场"的存在,很容易使课堂教学转化为一种机械的、单调的知识传授和行为训练模式。这种以牺牲心灵的自由成长与创造达到某种抽象、僵化的教学目标的课堂教学,是违反了道德精神的,造成的一个最典型的状态是:学生每天在生活世界之中,却没有体验到生活的丰富性和生活的乐趣。在这样的学习过程和校园生活中,学生的主体地位丧失,生命活力缺失,少的是积极、愉悦、兴奋、发现、成功的体验,多的是枯燥、乏味、疲惫、厌烦、挫折的感受。

教育学者张文质先生说过:知识是教育的边缘,知识的意义在于内化为智慧,而智慧的运用,只有在生命中才有可能。

所以,郑冠坤老师说:"道德教育的提出,基于三个问题:一是我们的学校本应该培养适应社会、能在社会上独立生存的人,但现行的教育,大多数学校却在引领学生钻进'象牙塔'。二是纠正了我们课堂教学方法不当的问题。社会需要有操作能力的人才,能解决实际问题的人才,而在我们很多课堂上,不是训练能力,而是训练做题。三是纠正了我们学校评价方式上的不道德。我们现有的评价方式,多数学校都是在排队,都是在'挖'名师、择优生。虽然我们提倡均衡教育,但大多数学校还在靠分数来招新生。"

看了这么多,发现此"道德"非彼"道德"!

有实践者指出,有道德的、学生主观幸福感高的课堂,老师们应尽量做到如下行为:

应减少面向全班进行的教学指导,如讲授等,应强调精讲;应减少学生的被动活动,包括静坐、聆听、接受和吸收信息等;应减少对教室里的安静状态给予的表扬和奖励；应减少给出覆盖每个主题领域的大量材料，并对材料只作蜻蜓点水式的介绍；应减少死记硬背的事实和细节；应减少强调学生的考试分数和学生之间的竞争；应减少将学生进行能力分组；应减少采用并依赖标准化测验等。

与上述应减少的行为相对应的是，有道德的、学生主观幸福感高的课堂，老师们应尽量做到如下行为：

要增加体验性、引导性、操作性的学习；要增加课堂上活跃的学习气氛，允许学生操作、讨论和合作，允许他们的声音和活动充满整个课堂；要强调学生更高级的思维，自主学习某领域中的关键概念和原理；选定为数不多的几个主题，引导学生进行深入探究，使学生掌握研究该领域的方法；要增加学生阅读那些具有完整性、原创性和真实性的书籍的时间；要增加能培养学生对待工作的责任感，并帮助他们完成设定目标、记录、管理、评估的任务；要增加学生选择的机会，让他们自主决定写作主题、学习伙伴和研究项目；要增加合作性活动，将教室建设成一个相互依赖的学习共同体等。将学生进行异质分组，通过个性化的活动而不是把学生孤立起来，以实现学生的个人需要。

新课程担负着"一切为了学生发展"的重要任务。自新课改以来，很多教师都在教学中做着种种努力和探索，因为每个学科的学习中都蕴涵着十分丰富的道德教育资源，大家也都会发掘文本内在的道德潜能，在教学中师生共同体验，以此促进课堂教学与学科教育能焕发出生命的光彩与人性的魅力。

而在具体的学习生活中，教师会通过活动等方式力求培养学生的观念和取向。如：

换位观：假如我是你，假如你是我；

生态观：我离不开你，你也离不开我；

共赢观：大家好，才是真的好；

对话观：商谈、沟通、理解、认同；

分享观：共同分享、助人为乐。

可在"乱花渐欲迷人眼"的外衣下，我们如何做才能实现"道德课堂"的理想呢？

我觉得娄季俭主任的话最通俗：我们要用道德的方法教育学生。一方面，我们要理解和尊重学生。理解是尊重的前提，要理解学生的认知规律，要把握学生的年龄特点、心理特点。很多时候，教学中出现的问题，都是因为教师以成年人的思维水平去要求学生，没有顾忌学生的思维水平。我们要相信和依靠学生，有些东西是学生自学就能学会的，那就要完全放手。另一方面，我们要构建有效教学。教学不能仅仅停留在浅层次上，有效教学是构建道德课堂的基础，通过细化和解读课程标准，老师要知道一学期的教学目标，然后再进行分解，到每一节课的教学目标是什么。每一节课的教学目标都实现了，每一节课都是有效的，那么有效教学就能实现，道德课堂就能实现。

整个中国古代社会，延续两千多年的教育传统，其实都是伦理本位的，是一种德性传统，最大的一根主线就是教会学生做人。也许实现道德课堂，回归德性传统，有助于课程改革走向深入，也有助于提升中国特色现代课堂的内涵吧。

教育本该合乎道、至于德。我们的教育不就是要为学生的终身学习奠基，为学生的终身发展奠基，为学生的终身幸福奠基吗？

因为杜威曾言："道德教育的重要，就在于它无所不在。"

从道德课堂出发

白秋丽

教育的目的应当是向人传送生命的气息。然而,在"一切为了应试"的课堂上,漠视生命、扼杀生命的现象屡见不鲜,不少教师以"为学生的将来负责"等"美丽"的借口,从事着极不道德的教育教学。对孩子终身负责的"善良愿望"和"呕心沥血"得到的却是学生的反感和社会的责难,而且,"善良愿望"越强烈,"呕心沥血"程度越高,学生的反感就越厉害,社会的责难就越多。每念及此,不寒而栗。

形势的发展,对教师提出了更要的要求:搞教育,仅有爱心是不够的,更要有爱的行动、爱的能力和爱的艺术。教育者有责任思考:如何构建有生命的"道德课堂"?怎样让生命在"道德课堂"里放飞?

我们已经在传统课堂这座大山里迷失得太久太深了:从接过教鞭的那天起,我们就辛辛苦苦地备、教、改、辅、考;在各种课堂改革的范例前,我们认认真真地模仿、借鉴、尝试。但就整体而言,却是越来越多的学生厌恶课堂,越来越多的专家指责课堂。我们困惑、尴尬,甚至痛苦、慨叹:我们的课堂怎么了?我们的教师怎么了?我们的学生怎么了?

一、透过现象看本质：我们的传统课堂缺失了什么

在保持距离之前，先让我们先对"大山"上的"风景"做一简单的回顾：长期以来，"应试本位"的教学观，"知识本位"的课堂观，"分数本位"的评价观，使我们的传统课堂教学有"教"无"学"，或有"教"无"育"，与社会远离，与生活远离，与实践远离，与学习者的生命远离，已是不争的事实，有的甚至走上了不道德甚至是"反道德"的歧途。其主要表现是课堂的"灌"，作业的"滥"，考试的"多"，管理的"死"，本应着眼"人"的发展和丰富多彩、充满生命活力与情趣的学习过程和校园生活，被简约化为见"分"不见"人"的特殊认识活动。这种以牺牲人的心灵自由成长与创造达到某种抽象、僵化的教学目标的课堂教学，是违反了道德精神的。造成的一个最典型的状态是：学生每天在生活世界之中，却没有体验到生活的丰富性和生命的乐趣；在这样的学习过程和校园生活中，学生的主体地位丧失，生命力缺失，少的是积极、愉悦、兴奋、发现、成功的体验，多的是枯燥、乏味、疲惫、厌烦、挫折的感受。

二、山雨欲来风满楼：新课程呼唤"道德课堂"

《基础教育课程改革纲要》中明确提出"使获得基础知识与基本技能的过程成为学生学习与形成正确世界观的过程"的课改目标，并进一步强调了"教学过程同时也是德育过程"的理念。中央教科所所长朱小曼教授认为：道德教育是学校教育的灵魂，道德教育不应该是独立于其他诸育的单独一育，道德教育并不只是在思品课、思想政治课及所谓的"德育活动"中才有，道德教育只有回到"道德课堂"中才能实现。

众多的教育理论研究者和一线教师也开始关注课堂中的"道德缺失"问题，并将关注的重点逐步从"德育课程"、"德育渗透"转向"过程德育"，即注重课堂教学过程本身的德育性。在课堂上要"把人当人看"，

"让课堂焕发生命的活力","要关注人的生命的整体发展","为学生的成长创造肥沃的心理土壤"……

三、从概念的迷雾中走出：什么是"道德课堂"

让我们从传统课堂的现象描述中抽身，结合新课程来分析什么是有道德的课堂。什么是"课堂"？"课堂"是指师生人生一段重要的生命历程，是他们生命的充实与展开的过程。什么是"道德课堂"？"道德课堂"就是要用道德的方式去从事教育教学和学习生活，并让师生从课堂中"得到愉快、幸福与满足，得到自我的充分发展与自由，得到唯独人才有的一种最高享受"，最终实现"教师小课堂，校园中课堂，社会大课堂"。道德教育的重要，就在于它的无所不在，不能有两套伦理原则，一套是为校内生活的，一套为校外生活的，因为行为是一致的，行为的准则也应该是一致的。只有在我们的努力下，构建起课堂生活和课外生活之间的良性生态关系时，这样的课堂才在严格的意义上称得上是生活，否则它只是我们生活之外的东西。

四、挑战与回应：从生活德育入手让课堂洋溢生命气息

1. 理论核心：回归生活世界

人是完整的道德存在，没有脱离生活的道德，因此从操作理念上我们应该做到：让道德从"教"走向"学"，激发学生的生命潜能；让道德课堂从"传授"走向"体验"，使学生感悟生命的价值；让道德课堂从"书本"走向"生活"，提升学生的生命境界。

2. 基本内容：三种生活

回归生活之后，"道德课堂"应侧重强化学生学习生活中基础性的道德知识、道德能力和道德智慧的培养，主要渗透在以下几个方面的具体指导之中——

学习生活：对于在校学生而言，学习生活占据着学校教育的大部分时空。如果道德教育不能在学习生活中落实，不能在学科教育思想上有所体现，学校的道德教育终究还是一句空话。事实上，在学科学习中，蕴涵着十分丰富的道德教育资源，我们应当充分发掘教师内在的道德潜能，在教学中遵循平等、尊重、公正的价值导引，以身示范，师生共同体验，以促进学生对教师及学科的情感认同，从而使课堂教学与学科教育焕发出生命的光彩与人性的魅力。

交往生活：当代学生中独生子女的比例明显提高，学习生活节奏加快且更趋紧张，人与人之间直接接触减少，人际交往问题越来越突出，出现了不敢交往、不交往和畸形交往的问题，严重影响到学生的生理健康和个性发展。为此，学校"道德课堂"应积极承担指导学生交往的任务，在指导学生学习人际交往基础知识的同时，注重培养和锻炼他们的交往能力，引导他们勇于和善于建立平等友爱、互帮互助、开放宽容、诚实守信的良好人际关系，为自身的健康成长和社会的稳定发展做好人际准备。

日常生活：改革开放以来，人们的物质生活比以前大大充裕，以怎样的方式进行消费、养成怎样的生活习惯，成为摆在当代青少年学生面前的新问题。"道德课堂"不应该回避这些问题，而应该面向学生传授现代文明的生活方式的有关问题，指导他们以勤劳节俭、自尊自爱、量入为出的方式生活，导引他们体验这种文明、健康的生活方式并养成良好的生活习惯。

新型师生关系中，导游和游客的关系就是有道德的师生关系中的一种，老师既不强制一切，也不包办一切，他既是导师也是益友。他是攀登书山的智慧向导，是畅游学海的坚强后盾，也是"风景绝佳处"不可或缺的点拨者。师生一道"采菊东篱下"，共同体验"悠然见南山"的怡然神会；为达"天光云影共徘徊"之学业境界，师生共赴寻找"源头活水"的心灵之约。老师的魅力在于像导游一样把学生领到充满"奇伟、瑰怪、非常之观"的知识殿堂，让学生自己体会那御风而行的快感，体验"山登绝顶我为峰"的成就感。当你的游客——学生真正不虚此行,从而流连而忘返,并逐步独步天下、纵横学海时,这也许就是有道德课堂的最佳境界吧!

我的教学观和教育观

陈爱勤

很长时间以来,我一直在思考这一份特殊的作业:我的教学观和教育观到底是什么呢?作为一个老师,我们应该怎样肩负起自己的责任?打造自己满意、人民需要的教育?眼看"交作业"的时间快要到了,我不得不能拿起手中的笔,整理自己那略有散乱的思绪。

一、我的教学观:教是为了不教,引导学生喜欢学习、学会学习是关键

杜郎口的成功,与其说是一个奇迹,还不如说是老师相信学生的一个案例。我感觉他们成功的根本原因是充分相信学生、充分调动了学生学习的积极性和主动性,让他们把学习当成了自己的事情,而不是家长和老师的事情。我们暂且不管杜郎口当初为什么实行"兵教兵"这一方法,但其最终达到的效果确实是有目共睹的。

杜郎口的学生都是农村的孩子,他们的基础不会特别好,相信开始的时候,也有很多的困惑和问题,但是难能可贵的是他们坚持下来了,他们没有半途而废,所以,他们取得了成功!

许多老师非常具有敬业精神,在课堂上讲得津津有味、神采飞扬,嗓子发炎；学生却昏昏欲睡，没精打采，只盼着下课铃声早一点响起。老师们经常说的话就是："这道题我讲了多少多少遍，可是学生还是不会！"不知道大家想过没有：就像你说的那样"你讲了多少遍"，不是学生学习了多少遍，他们不会当人属于正常了。

孔子也说过："不愤不启，不悱不发，举一隅不以三隅反，则不复也。"意思是说："不到苦思冥想时，不去提醒；不到欲说无语时，不去引导。不能举一例能理解三个类似的问题，就不要再教他了。"学生学习是一件主动的事情，"牛不喝水强按头"的方式，是不会取得好成绩的。作为老师，我们的主要任务是想办法激发学生学习的兴趣，教会学生学习的方法，让学生最终学会自己学习，这就是所谓的"教是为了不教"。

所以我的感觉是：老师要从心里相信学生，相信学生能学会学习，相信学生能学会管理好自己；然后我们要学会慢慢放手，你会发现：孩子们远远比我们想象的能干。

说实话，原先我也不相信学生，总感觉他们太小，许多内容他们根本理解不了，总是详细、认真备课，整理教材，认真上好每一节课，唯恐哪一点没有讲清楚，影响学生的成绩。但是，事实总是让我很伤心，面对一节节精心准备的课，相当一部分学生不感兴趣，作业写得乱七八糟，惨不忍睹；我不得不一次次怀疑自己的授课能力。

学习了一些教学理论后，我的思想慢慢发生了变化，上学期，我申报了《思维完形理论下生物课堂模式研究》课题，然后在我的生物课堂上，我进行了一学期的实验，取得了一定的效果。

每一节生物课，我不再唠唠叨叨讲课，而是让学生针对一些问题先自学课文；然后两两互相交流学习到的知识——为了到时候有内容交流，每一个学生都会认真自学。互助时两人不懂的问题，四人小组一起解决，老师在教室内巡视——一方面监督，另一方面了解学生哪些内容是不会的，以利于精讲精练。最后，针对学生不会的内容，老师请有关学生上讲台讲授或者自己精讲提升，一般 10 分钟左右，最后学生做一些课堂检测题，以了解学生的学习情况。

一节课就这样结束了，老师轻松、学生高兴，许多学生争先恐后地上台发言，展示自己的学习成果，没有分神的时间和机会——老师一直巡视在教室内，让每一个学生在自己的视野之内。

所以，我感觉到：在这个信息化的时代，老师们应该改变自己的观念，不仅要做到自己有一桶长流常新的活水，还要教给学生寻找水源的方法，不能仅仅局限于老师给的一杯水，这才是我教育的真正目的。

二、我的教育观：把学生当人看，不要用成人的标准要求他们

在日常的教育教学管理中，老师最爱说的一句话就是："现在的学生，一届不如一届啦！"总认为自己上学的时候怎么怎么好——爱学习、尊敬老师、热爱集体等等；总认为以前教的学生如何如何优秀等等；其实，这种想法是有一定原因的：因为人总是喜欢记住好的事情，就像自己以前教过的学生，当时也可能把自己气得要死，但是，现在想起来，大多是美好的回忆。

况且我们的老师，当学生时候可都是班内的佼佼者，老师的"心肝宝贝"，如果我们各方面做得不好，考上大学的为什么会是我们？呵呵！尽管如此，大家扪心自问：学生时代自己做得真的就那么完美无缺吗？是不是还有许多现在自己看来不好的行为？连考上大学的我们还有那么多不好的地方，更何况我们的学生呢？有问题是正常不过的事情，不是吗？

所以，我认为，老师们应该把学生当人看，把学生作为一个发展中的人看待，当做一个未成年人来看待。

把学生当成一个人，你就会不再高高在上，不会骂人不带脏字；当学生成绩暂时落后时候，你就不会挖苦、讽刺、嘲讽学生；不会把学生赶出教室，让学生站在走廊度过上课时间。

把学生当做一个未成年人来看待、当做一个发展中的人看待，你就能正确对待学生的不足和错误。"人非圣贤，孰能无过"，更何况是一个孩子！这样，你的教育就不再急功近利，因为改变一个人是一件非常困难的事情，不是几句话、几件事就可以改变的。每个人都需要慢慢地成长，回顾我们每一个人的成长史，难道不是这样的吗？你不一定一直都优秀，在某一阶段，你也许很一般。可是，你经过自己的努力，有了自己的事业和好的前途，也许就是一件不起眼的事情改变了你的一生，难道不是吗？

学生之所以厌学，不思进取，当然有许多原因，但是我们老师真的没有任何责任吗？曾几何时，为了提高班级、学校的成绩，想尽办法让后进生离开校园；曾几何时，对于屡犯错误的学生，我们不是尽量挽救，积极想办法改变他们，而是"开除"了事；曾几何时，学生在课堂上睡倒一片，我们还沾沾自喜——上课纪律好多了！曾几何时，我们对学生没有了耐心……这一切的一切，难道和我们没有关系？

教育是一件慢的艺术，需要我们为师者静下心来，耐得住寂寞，只管播种，看淡收获，到时你或许会发现：学生们会给你一份份惊喜！

在细化中成长　在高效中前行

王军红

课改如同清新自然的风，吹绿了教育的田野，吹走了陈旧的阴霾，为孩子带来更深远、广阔的天空。课改确立了以学生发展为本的理念，突出学生发展的自主性和能动性，注重学生的潜能开发和个性化教育，为每一个学生的健康成长提供条件，为每一个学生的多元智能的发展创造机会。我们的田局长今年提出了道德课堂，对于道德课堂应该是我们的一个目标，要想真正落实，应该立足课堂，明白我们教学的目标。

一、细化解读课标，明白教学的方向

细化解读课程标准工作其实是解读课程标准，细化课程目标。我们解读课标，是在解读课标之后在课堂上落实课标，并且还要去评估课标。也就是保证课标、目标、教学活动以及课堂评价的一致性。上学期，我们新郑市组织老师们学习课标分解的专业理论知识，我们每一位教师多次看光碟，讨论研究，写心得体会。我还有幸作为代表参加教研室的课标解读专家组，和多位精英探讨课标解读的技巧。在解读课标的过程中，我也曾有过迷茫。比如，对于感情朗读，说明文如何去解读，总没有什么心情变化、人物心情吧。带着这样的问题，我虚心向大家提出，最终得到了解决：说明文对于朗读，不要求有感情。我们课文后边课后练习题第一题就是"读课文"，"而不是有感情地朗读"。学习过理论知识，我们开始试着解读课标。在解读中，我们对课程标准更熟悉了，对自己的教学也有了明确的方向，省去了很多无用功，这也使得我们能在有效的时间里让学生收益更大。我想，这也是我们课堂高效的一个主要的原因吧。

二、不断学习，为课堂打造精彩的底色

自从田保华局长倡导道德课堂之后，我们中心校又提出了高效课堂的理念。结合我们对课标解读的认识，我还拜读了很多有关方面的书籍：《高效课堂22条》《孙双金与情智教育》《窦桂梅与主题教育》等。从这些书籍中，我明白，高效课堂的研究要立足课堂，更新我们的教学观。教师还要改变教学的方式，让学生真正成为学习的主人，而不是被动的知识接受者。

除了阅读书籍，我还积极参与教育部门组织的培训。一位位名师、大师，桃李芬芳，硕果累累，赢得了家长和社会的敬重，这正是教师职业的魅力所在，让我更加坚定自己信念——要做一名好老师。而参加培训，让我们有机会接近大师，聆听大师的教诲，反思自己的教学，以便不断改进。

曾有人这样说："树苗之所以长成参天大树，离不开它脚下的土壤。"我深有体会，因为我也向我们学校的老师学习，汲取营养。

三、研究中实践，终得累累硕果

在我们孟庄中心校的领导下，我们开始了高效课堂研究与实践。我研究的第一个课题是诗歌教学模式。诗歌是我国语言文字中一块芬芳绚丽的园圃。诗歌语言简练，意境深远，具有很高的艺术境界。而诗歌的学习"七分读三分悟"。本着这个理念，我讲了五年级教材《最后一分钟》。学校的语文老师又给我提了一些可行性的建议，我的博友们看过我的教学设计和反思之后，也给我提供了一些建设性的意见，我还上网查阅了很多有关教学模式的资料。在此基础上，我又修正了自己最初设想的教学模式。经过不断的教学实践，我归纳了诗歌四步教学模式，现以《七律·长征》一课为例：

（一）范读引领，激发兴趣

范读是朗读教学中任何指导方法都无法取代的。范读能唤起学生的注意，激发学生对朗读的兴趣，调动学生朗读的积极性、主动性，提高学生的朗读和欣赏水平。好的范读，对学生来说无疑是一种美的熏陶。范读的传统方式是通过老师的读来实现预期效果，随着现代化教学手段的不断更新，我们可以通过录音、多媒体等手段来实现。我在教学《七律·长征》一课时，首先向学生播放了一段课文朗读的视频，学生在听过之后，便能不自觉地把情感带进自己的朗读中。我认为范读需具备以下效能：

第一，精彩的范读，以声传情，形神兼备，不仅能使学生对课文内容产生感情，还能使学生受到所读文章情感的感染，从而与教师、作者产生情感的共鸣。这样，学生就会表现出一种情绪上冲动，产生一种一读为快的欲望。在这种状态下，范读不仅激发了学生朗读的兴趣，同时还有助于化解学生在朗读中遇到的困难和疑点，促进朗读技巧、方法的掌握，以及如何使用好普通话、语调的抑扬顿挫、逻辑重音的突出、节奏的快慢、读书姿势、习惯等。学生在初读与教师范读后的再读中逐步提高了自身的朗读能力。

第二，声情并茂的范读，把教材的语言文字化作有声有色的画面，使学生在形象感受语言文字的基础上，再次置身于文章所描述的情境中并展开丰富的联想和想象，使课文的思想形象化地渗进了学生的心灵，能有效地帮助学生加深理解课文。范读时，学生视其人，闻其声，感受着文章的语言，领略着文章的气势、文法……在积极的思索中，学生感悟着语言内在的含义、情味和形态，体会着作者遣词造句的准确、生动，享受着祖国语言的无穷魅力。在范读的过程中，学生通过揣摩、领会、联想、体味等一系列感知活动，增强了对语言文字的敏感性，学生的语感就会在不知不觉中得到培养。

（二）自读感知，初探情感

要想把诗歌读出韵味，正确是非常有必要的。所以，我们要首先保证学生读得正确、流利，停顿恰当。在学生自读的过程中，我们要巡视指导，指导学生把诗歌的字读准确。通过点读、评读、反复读，使学生读出诗的重音和节奏，知道应该如何把握诗的轻重缓急，加深对诗人情感的体验。古人有云"书读百遍，其义自现"，学生只有充分地读，才能理解诗歌所蕴含的情感，才能有感情地朗读。其实，学生在听过范读之后，了解了朗读诗歌的语气，所以，自己在读的时候，也能初步把语气带出来了。

（三）品读感悟，深化情感

朗读在诗歌的学习中尤为重要，诗歌学习"三分悟七分读"。在这个环节中，我们就要运用多种方式引导学生朗读，在朗读中理解诗歌的意思，深化了解诗歌的情感。

1. 诗歌篇幅短、跳跃性强、蕴含丰富，我认为运用"想象扩补"法，借助多媒体，通过反复品读，对学生体会诗境，感悟诗情极为有效。如：我在教学《七律·长征》时，学生对"逶迤"不理解，不理解就不能体会出情感。所以，我就出示了"五岭"的图片，让学生看五岭的特点，学生说出"长""连绵不断"，我又引导学生归纳出"五岭弯弯曲曲、连绵不断"，接着让学生去读，学生感受到过五岭山脉不容易。又出示"细浪"图片，让学生体会这么难过的山在红军眼里只是"细小的波浪"。然后又引导学生结合自己搜集到的资料，说出爬山还有什么困难。学生说出"追兵""敌机轰炸"等，又一次让学生读"五岭逶迤腾细浪"，在对比读中了解红军战士不怕困难的大无畏精神。在理解"铁索寒"的时候，我播放了《飞夺泸定桥》的电影剪辑，学生感受到了夺桥惊险悲壮，所以读的时候就非常有感情。

2. 在品读的过程中，教师的引领也是不可或缺的。因此，我还采用了提示读的方法。在引导学生读诗句"金沙水拍云崖暖"的时候，我用富有感染力的语言向学生讲解了"巧渡金沙江"的故事，让学生感悟红军战士巧渡金沙江的喜悦。我接着运用了提示读的方法：

我们胜利了（读）——【金沙水拍云崖暖】

我们不费一枪一弹胜利了（读）——【金沙水拍云崖暖】

面对穷凶极恶的敌人，面对险要重重的金沙江，我们不费一枪一弹胜利了（读）——【金沙水拍云崖暖】

3. 歌唱中朗读：诗歌本来就是可歌可唱的。古诗讲究押韵合辙，给古诗配上乐曲，让学生展喉吟唱，同行们不妨大胆尝试一下，效果颇佳。如把《长征》配上高亢的曲调就非常有气势，学生和曲歌唱，情趣盎然，不仅加深了对诗境的感悟，在歌唱中完成背诵，而且在歌唱中感受到古诗词的语言美、意境美、韵律美。但要注意配曲，一是要选学生熟悉的曲子，二是要选曲调与古诗合拍的曲子。

当然，读的方式有很多，像配乐读，男女生对读，齐读。多种方式的读旨在让学生在读中理解诗歌，在读中品味诗歌的情感。在不知不觉中，学生就能把诗歌背诵下来。

（四）回顾总结，升华情感

这个环节其实又回归到了诗歌的整体，在回顾的过程中，学生又一次感受了诗歌所蕴含的情感。在《长征》这首诗中，我这样来安排：我先播放了《长征》这首歌，让学生充分想象，你的脑海中出现了怎样的画面？学生回答之后，我又问学生："此时，你最想对红军战士说什么？"由于前边学习的基础，学生此时的回答非常精彩。如："红军战士，你们真是好样的。你们遇到那么多的困难，却一点也不害怕。我一定要向你们学习。"

　　这个教学模式适用于小学阶段的诗歌学习。这种模式代替了传统的说教式教学，通过多种方式的朗读，以读代讲，以读悟情，把学生带进诗歌的学习情境之中，大大提高了学生的学习兴趣和学习效率。

　　"路漫漫其修远兮，吾将上下而求索。"在教育的蓝天下，我将立足课堂，追求高效的课堂。相信成长中的我伴随春风，将会飞得更高。

期待那片更高的天空

杨丽霞

新教育已在实小这片沃土上生根、发芽，在大家的努力下，将会很快就开花、结果。这个过程将是美丽的、充满神话的传奇色彩。它会悄悄地改变师生的生活方式，为教育注入一股源头活水。在校领导的支持和关注下，老师们的努力下，新教育实验在有序地开展，并如火如荼。

一、开展儿童诵读课程

自参加实验以来，我们努力学习相关的理论知识，为的是能更好更快地使新教育的实验顺利开展。我们就结合学生的生活实际，为同学们挑选了一些精美的诗歌和经典的诗词作为晨诵的内容。如：儿歌《数星星》《写字很有用》《校园文明歌》《小蚂蚁》等；这些都对学生的习惯养成产生了一定的影响，特别是《校园文明歌》，让同学们从诵读的过程中就渐渐产生要"文明做事、文明做人"的意识。还有古诗《静夜思》《咏鹅》等。并根据一年级学生的年龄特点，引导他们吟诵《三字经》，里面动人的故事都指引着学生进步成长。由于学生小，早上到校三三两两，时间参差不齐，但是只要是一开始吟诵，学生们都情绪高涨、兴致盎然，那种身心投入的状态在无形中就感染着我，陪着孩子们读下去，会的带动不会的,读得好的带动不太好的,不认识的字或词我会及时读出来,不懂的给同学们解释。看到同学们那么专注,我感到十分欣慰。

二、童书共读

在学生共读方面,首先给学生推荐贴近生活实际的、并且他们都十分喜欢很愿意接受的绘本故事、童话故事、寓言故事等。给孩子们推荐书目的时候考虑到他们刚学过了拼音,识字量相当的匮乏,所以尽量推荐注音版的书籍。刚开始是通过老师讲故事让学生喜欢听故事并渐渐喜欢上阅读,后来慢慢地引导学生用绘画的形式想象故事的结局或续写故事,逐渐培养学生的阅读兴趣。要求每人至少准备两本书,不仅午间读,有时课上也读,并借助于校信通的平台发动家长,充分调动家长的积极性,让孩子回家也能在家长的引导下延续一天的阅读。最主要是鼓励学生多读书,读好书,促进学生的读书质量与数量。除此之外还要求学生在班上极力推荐自己的图书,比一比看谁能把自己的书推荐给更多的同学看,让大家共享知识,共享快乐。在阅读方面,经调查统计,大部分的学生能阅读2本或2本以上的图书;从阅读的字数量上看,最多的达5万多字,最少的却只有一两千字,之间的差异与阅读的兴趣、重视阅读的程度有关,所以以后要紧紧围绕这两方面做工作。

三、暮省

一年级的孩子小,读书慢,但是他们在一些爱读书的学生引导带动下慢慢地喜欢阅读。根据他们现有的实际水平,先指导写句,让他们把自己读书后的收获和感想用简单的一句话或是几句话表达出来,如有灵感也可配上插图,这样图文并茂更加美观,让人看了都赏心悦目。比如:钱晨曦同学读了《灰姑娘》后,写道:"读了《灰姑娘》后,我知道做人要有善心。我很同情灰姑娘,对他的后妈十分反感和憎恶。"并配有灰姑娘美丽的图画;刘欣玉同学在读了《铁棒成针》后写道:"读了后我知道老婆婆做事很用心,我们要像她一样,不管做什么事情都要用心、专心。"田鑫煜同学读了《卖火柴的小女孩》后写道:"小女孩好可怜,我真想到童话王国中去帮助她。我想当一名医生,去帮助她的妈妈,把她的病治好;还想当一名发明家,发明一种东西让他们全家人吃了就不会生病,让他们一家人过得幸福。"虽然有些字还不会写,是用拼音的,但是从中能看出她们是真正投入地去阅读了。除此之外,还定期让孩子发挥自身的绘画天赋并结合自己的阅读收获制作成手抄报。虽然孩子们的写绘还特别的稚嫩,但是,他们正在勇敢地跨出第一步。为了鼓励他们的写话兴趣,我把好的作品张贴展览,并给予两颗星奖励,让孩子们初步体验写作的乐趣。最初的记忆也许能成永恒,这将记录下他们成长的足迹和收获的喜悦。

从一年级让学生养成晨诵、阅读的好习惯,并不是要让学生能记住多少以后会用到的知识,也不是为了进行记忆力的强化训练,仅仅是为了丰富学生当下的生命,为学生将来的人生奠基。

四、存在的问题

虽然工作是在一步步有张有弛地进行着,但也着实存在许多问题。比如学生们所带的绘本数目竟屈指可数,缺少绘本故事,孩子们自由阅读的空间打不开;另外就是对学生的阅读方面的组织不到位,一些学生由于时间观念不强,没有长远和短期目标,阅读对他们来说只是耳边风罢了,今后应着力抓一下这些学生,调动他们的积极性,激发他们阅读的兴趣,以部分带动集体。

五、今后的打算

曾说:在路上,是最好的一种生命状态。而如今我们就在路上,正在不断地遭遇泥泞和坎坷、困难和问题,但我们没有被困难吓倒,没有为挫折屈膝,我们在努力,在不断的探索中坚定前行。我们期盼着,新教育带给师生的那种幸福,不在这里,一定就在那片更高的天空。

为此,让我们继续一路前行!

课堂聚焦

Zuo
幸福
De Lao Shi

"为有源头活水来"

——新课改下作文素材的开发与积累

崔矿山

美国教育家华特·科勒涅斯指出:"语文学习的外延和生活的外延相等。"作文的过程从某种意义上说也是对生活的"加工"过程,没有生活内涵的文章不会引起读者的共鸣。因此,在新课改理念的指导下,密切联系生活,开发作文教学资源,让学生作文流淌出清新的生活之水,是丰富、更新作文内容,提高作文水平的一个重要环节。

一、"开窗放入大江来"

"文章合为时而著,歌诗合为事而作。"将生活的江流引入课堂,让学生紧跟历史潮流,把握时代脉搏,放眼世界,关注社会,关爱人类,这既符合作文教学的规律,也是中学生成长的需要。我们利用班内电视,可以让学生收看"新闻联播""焦点访谈"等栏目;组织学生订阅《中国青年报》《半月谈》等报刊,开阔学生视野,开拓素材搜集空间,提高思想水平和文章品位。一位同学在收看了巴以冲突的有关报道后,写道:"一个金发碧眼的姑娘带着迷人的微笑翩翩起舞于一间破败的教室,缕缕阳光透过没有玻璃的门窗洒在她的裙褶上。多么美丽宁静,多么富有诗意……你也许这么想。但当你知道这间教室是被轰炸过的废屋子,当你知道屋外的巴勒斯坦是怎样的局势时,你还这样想吗?也许你会感慨这美丽与失意是多么脆弱,一颗炮弹就可以使它灰飞烟灭;也许你会叹惋,小女孩脸上那迷人的微笑还能盛开多久?战争摧毁的竟是这般美好的事物!物质的毁灭可以重建,但心灵的创伤能否愈合?"女孩的美与残酷的战争的对比,表达了作者强烈的愤慨,同时也形象地揭示了战争恶魔给人类带来的危害。我们还组织学生深入生活实地采访,走出课堂,走进工业园区,走进商场,走进养殖户,走进下岗工人家中。如我们带领学生走访下岗职工后,要求以"下岗职工"为话题作文,学生能把下岗的痛、失落,再就业的艰难、辛苦,成功的喜悦、自豪写得具体生动。

二、"春色满园关不住"

校园生活丰富多彩,校园故事生动感人。悉心体察,深入挖掘,就能采撷到真情的花朵,谱写出动人篇章。为此,我们创办了《校园故事》,设立了"园丁之歌""同窗之情""课堂趣话""学海泛舟""校园风云""青春怪味豆""咖啡休闲屋"等栏目。《校园故事》唤醒了同学们的校园情思,激发了学生的写作热情,一篇篇讴歌校园真情的美文,如迎风绽放的鲜花,装点着春意盎然的校园。如有一个同学的随笔《六个瓶塞》一文中写道:"我"去茶房提开水时,不小心弄丢了暖瓶塞,就先用食品袋套住暖瓶口,急忙去上课了。等下午下课"我"买回瓶塞往暖瓶上盖时,让"我"感动的是,瓶上已经盖上了一个新瓶塞,暖瓶的一边还并排放着四个新瓶塞,"我"轻轻地把第六个瓶塞和那四个瓶塞放在一起,心头热热的,眼里溢出了幸福的泪水。原来,这间住室中,其他五位同学发现瓶塞丢了,都各买了一个瓶塞。一件平常的小事,折射出新时代中学生的精神风貌,写出了他们如溪水般晶莹,如冬雪般洁白,如春阳般温暖的真诚纯洁的友情。

三、"赏心乐事谁家院"

家庭生活中,血浓于水的亲情,温馨无比的爱意,酸甜苦辣的悲欢……是学生作文取之不尽的素材源泉。我们每学期举行一次"赏心乐事谁家院"征文活动,启发学生捕捉家庭生活中的真情瞬间,体味家庭生活中的真情爱意。一位学生在写家庭故事时,这样写道:"奶奶甜甜地睡在那里,像一个温顺的小女孩。爷爷轻轻地盖上毯子,轻轻地关上了台灯,轻手轻脚地关上了门,像疼爱小妹妹一样,他的神情平静而慈爱……"这段富有浓郁生活气息的细节描写,散播出老人桑榆之年的温情,飘溢出爱的清香。我校把每年寒假的第一个周定为"感恩周",要求学生做到"五个一":给父母洗一次脚;给父母敬一杯酒;向父母说一声"谢谢,您辛苦了";替父母做一周家务;以"感恩周"为话题写一篇作文。一位同学在《母亲残损的手》中写道:"我急惶惶地来到母亲的病床边,母亲微微侧卧着,脸色晦暗,嘴角深深地凹陷下去。头部摔伤导致她严重中风,她说不出一句话,微睁着两眼,用浑浊而呆滞的目光看着我。两只手放在被子外面,这是一双伤痕累累的残损的手。手背上青筋条条突起像纠缠的老藤。指关节如竹节般粗大突出,手指屈曲不能伸直,指甲盖儿有的残缺不全,有的已快脱落,手茧层层相叠,又厚又硬,手掌和手指头又深又密的裂口处露出淡褐色,那是长期劳动的积染……这是我第一次这样近也是第一次这样仔细地看母亲的手。母亲就是用这双伤残的手,把我和哥哥抚养成人的。"精细的观察,深沉的感悟中蕴含着作者沉重的愧疚之意和真挚的报恩情怀,没有亲身经历,是难以写得如此情真意切。

四、"月是故乡明"

家乡的山水风俗人情人文景观等,经过饱蘸情感笔墨的点染,都会放射出夺目的光彩。在开发这一素材宝库时,我们重点抓好三个字:"游",欣赏自然景物,参观人文景观;"说",说故乡风俗人情,谈故乡风物特产;"写",写家乡物,描家乡景,赞家乡人。一位同学在《梦里榆钱香》一文中写道:"蒸榆钱是豫东农村的一种风俗。有经验的妇女,往往把淘净的绿花花湿漉漉的榆钱拌上玉米面，垫上馏布子，盛在竹篦子上放进锅内文火烧。蒸熟后捏着馏布子角和盘出锅，倒在小红盆里。滴几滴香油，浇两勺蒜汁，撮上点葱花或芫荽，热腾腾黄澄澄的蒸榆钱做成了。开饭时，你盛一盘，他挖一碗，就着绿豆稀饭吃。一口稀，一口稠，稀的像水，稠的像油。三天不改样，保证吃不够。"小作者以小见大，借榆钱抒发了对家乡无限的爱恋之情，描写生动真切，语言通俗质朴，乡土气息浓郁。

生活赋予了每个人一个生存和展示的舞台，朝气蓬勃的中学生，应果敢地走出旁观者和局外人的行列，大胆参与生活，体验生活，创造生活，做生活的主人。我们必须擦亮尘封的眼睛，以主人翁的姿态，去观察高山流水，去感知风花雪月，去体验世态炎凉，只有这样我们才能学会生活，并调动缤纷绚烂的生活积累去塑造生活。

课外阅读突出三个"巧"

刘文玉

课外阅读是指学生在课外各种独立的阅读活动。它是课外语文活动最重要、最普遍、最经常的形式,是课堂阅读的继续与拓展,是阅读能力训练必不可少的组成部分。既然课外阅读这么重要,那么如何引导学生进行阅读呢?我认为应从以下三个"巧"做起:

一、激发学生课外阅读的兴趣要"巧"

俗话说:"兴趣是最好的老师。"指导课外阅读同样应首先从激发兴趣开始。有了兴趣学生就会主动地寻找课外读物。激发学生课外阅读兴趣的方法有:

1. 创设情境法。即经常创设一种浓厚的"书香"氛围和激动人心的"书林"境界,让学生产生一种置身于精神文明宝库的神圣感。

2. 交流展示法。当学生的课外阅读兴趣被激起来以后,为了稳定和保持这种兴趣,也为了获取他们课外阅读效果的反馈信息,我采用了交流展示的方法,让学生将课外阅读中所见的大事要闻、民情风俗、自然风光等说出来,大大激发了学生课外阅读的积极性,又可以激励其他学生多读书,读好书。

二、指导学生选择课外读物要"巧"

阅读是一项反映个性和人格的活动，而读物的选择则是个性的表现。只有让学生选择自己感兴趣的读物，他们才能深入理解读物的内容，受到其感染。因此，教师要巧妙地引导学生阅读以下有益的读物：

1. 对学生身心发展有益的读物。如内容上是歌颂人类勤劳、善良、坚毅、进取、崇高等人格精神的读物。

2. 对巩固课堂教学效果有益的读物。当今学生面对的课外阅读背景是广阔的，内容是多种多样、多姿多彩的，让学生在课外阅读的天地中自由驰骋的同时，我们还有必要尽量寻找课内外教学的结合点。

3. 与学生自身生活紧密相关的读物。从生活的角度来讲，与学生有密切联系的读物大致有两类：一类是指导学生培养生活能力的读物，如有关卫生保健知识、安全防范方法、自我服务技能以及礼仪、人际关系处理等书籍；另一类是帮助学生了解生活环境的读物，包括家乡的地理环境、风景名胜、文史人物等读物。

三、教给学生课外阅读的方法要"巧"

有了课外阅读的兴趣，又有了好的课外读物，怎样读才会取得更好的效果呢？这就需要教师给学生一些行之有效的阅读方法。

1. 精读法。即逐字逐句精研细读的阅读方法。它要求学生在精读时全身心地投入，边读、边思、边注，逐渐养成认真读书的习惯，帮助学生牢固掌握知识，提高思维能力和认识水平，增强语言修养，提高语文能力。

2. 略读法。读的目的是把握全篇的大意，得其要领。因此，在阅读中，对某些难点，只要不影响对整体的把握，可采用"以绕为进，以避为进"的办法，只要不影响对大意的理解，可以跳过去，以免影响速度。当然，略读也不等于走马观花、漫不经心，而是集中注意力，有目的地扫视。

总之，只要教师认识到了课外阅读的重要性、必要性，并采取了行之有效、"巧"的阅读指导，那么学生一定会在书的海洋里自由遨游，获得读书的乐趣，养成读书的习惯。这种习惯会使他们终身受益。

浅谈对中学生数学学习兴趣的培养

赵金启

我是一位中学数学教师。二十多年的工作实践和对数学教育的思考和探索告诉我,数学教育一定要着眼于学生的发展、着眼于学生的未来,一定要尊重和确立学生在教学中的主体地位;要引导学生积极参与教学,要培养学生对问题主动探索、独立思考的积极态度,要引发学生的创新精神和重视培养学生实践能力。然而,为了达到上述目标,教师首先必须注重培养学生对数学学习的兴趣。因为"兴趣是最好的老师"。数学学习兴趣往往是推动、激励学生数学学习的最有效的动力。不能不承认,近几年来,多种因素总是在导致相当一部分中学生数学学习兴趣缺乏或减退,对学生的数学学习影响极大。培养中学生的数学学习兴趣、探求增强中学生数学学习兴趣的措施和途径,已成为我们中学数学教师的当务之急。

一、教师加强自身的修养,爱数学、爱工作,有较高的教学水平和奉献精神,是对学生数学学习兴趣无声的培养

作为中学数学教师,对数学的兴趣是第一需要,不断地加强自身的数学修养是工作的需要,热爱自己的教学工作是能把教学工作完成好的

必要条件。不敢想象,数学教师厌烦数学,所教的学生会对数学产生何种情趣。数学教师修养较差,知识面狭窄,又怎能把学生教好?所教的学生又怎能热爱数学?著名数学教育家波利亚指出:"仅有知识而无兴趣很容易沦为一个极差的教师。而如果对有的东西一知半解……即使有良好的愿望,有兴趣……也无济于事……""中学数学教师应该'熟知自己的科目',这种熟知并不是指仅仅熟悉教材,而是要懂得'更多'一些。一个教师所掌握的知识,应比教给学生的多十倍、二十倍……""对于中学数学教师……真正能把数学教好的,只是那些热爱数学,并且把数学看成活生生的发展着的科学的人。"教师是榜样,是标准,教师的一切(知识修养、业务水平、敬业精神、道德品质)每时每刻都会对学生产生影响。从严律己、爱数学、爱工作、业务水平高、修养深、教学效果好的教师往往深受学生的欢迎和热爱,所教的学科往往受到学生的偏爱。

二、教师有意识、经常不断地对学生进行爱科学、爱数学等方面的教育,对增强学生的数学学习兴趣非常有益

作为中学数学教师,仅仅重视数学知识的传授,而忽视了对学生其他方面的教育是不行的。实践证明,教师经常给学生讲点数学发展史,对学生视野的开阔和兴趣的提升很有帮助。数学家们勇于探索,献身人类的科学事业的精神和动人事迹在学生的心中往往打下深深的烙印;教师经常给学生谈点人类在数学领域中的新突破、新发现、新成就,往往会极大地激发学生学习数学的热情与兴趣,部分学生甚至会产生跃跃欲试的兴奋;教师经常给学生讲一些科学家爱科学、爱数学、爱人类、爱祖国的故事,往往有助于陶冶学生的情操,这样进行爱国主义教育的作用与效果几十倍于空洞的政治说教。培养和增强高中生数学学习兴趣的目的不知不觉即可达到。

三、使学生不断地提高对数学的认识,积极感受"数学美",是教师培养和激发学生数学学习兴趣的重要途径

数学是什么？有什么作用？古往今来，许多数学家、哲学家，对此留下了很多深刻见解：数学是打开科学宝库的金钥匙；数学与人类息息相关；数学是神秘的、伟大的，又是平凡的；数学无处不在，无处不有；人类社会要向前发展，数学是动力；各个领域的科学研究离不开数学；人们的日常生活离不开数学……作为中学生，立志为人类作出贡献，就要学好数学；立志建设好我们的祖国，就要学好数学……所有这些，作为教师，要帮助和指导学生不断地提高认识。对于这方面，教师的指引、启发、帮助，对学生数学学习兴趣的增强常常有着预想不到的效果。

真正下工夫学习数学的人，往往会感到数学具有很大的魅力，能吸引人，使其愈学愈爱学，甚至达到欲罢不能的地步。这正是由于数学本身存在着"美"，惹人喜爱，令人神往的缘故。数学家华罗庚说过："认为数学枯燥无味，没有艺术性，这看法是不正确的。就像人站在花园外面，说花园里枯燥乏味一样。"从中学生的反应，如数学"能使人动脑子"，"数学有无穷的奥秘"等分析，他们已初步感受到数学美，但一般都是无意识的，并非知道有数学美的存在。

因此，这就需要老师利用数学美去激发学生的学习兴趣，让其积极地去感受数学美，去追求数学美。一般可以在提出数学问题时，揭露它的新颖、奇异或形态的优美，以引起学生学习的好奇心；在分析和解决问题时，使学生感受到思维方式、方法的巧妙、新奇、别致，促使他们自觉地去掌握它；在把知识加以整理的过程中，让他们体验到数学的和谐、统一、简单的美。这样不仅可以减轻记忆的负担，使学生品尝到数学知识结构的美妙，而且能大大增强学生数学学习的兴趣。

四、注重教学方法和教学艺术，面向全体学生，关心和爱护每一位学生的数学学习兴趣

数学教师注重教学方法，不断提高自己的教学艺术，对学生数学学习兴趣的产生与增强在某种程度上起着举足轻重的作用。

不恰当的教学方法，过于生硬，过于深奥，会挫伤学生的学习兴趣；过于平淡，过于平易，也会磨灭学生的学习兴趣。深奥的数学内容，教师要力求用浅出的方式启发学生，并尽可能与学生已有的经验和知识联系起来，为兴趣的产生打好根基，让他们感到："原来这些东西我也能理解，我也能学会。"——让学生有了这种感受，就是培育兴趣的开始。浅显的数学内容教师要善于"添油加醋"，力争讲得津津有味、吸引住学生。

成功会激发兴趣，失败则使兴趣大打折扣。教师的教学要面向全体学生，特别要关注那些数学学习上有困难和遭遇失败的学生。在几十位学生中不要因一片"我懂了"的呼声而忽视了尚在迷惑之中的缄默者。轻易的成功不利于兴趣的加深，经历了困难之后的成功能激发更大的学习兴趣。在困难之中得到了老师的关爱的学生，学习兴趣往往比他人增加得更快。

学生的数学学习兴趣应时时在数学教师的视野之中。作为中学数学教师，应该明白：爱护学生的数学学习兴趣即是关爱他们的成功，即是爱护了他们发展的未来，即是为人类作出贡献。

作为数学教育工作者，追求数学教育的真谛，永无止境，唯有不断地学习、不断地实践、不断地探索，不断地向数学教育的高境界攀登！让我们今天比昨天教得更好！愿我们的学生今天比昨天更会学习、学得更好！

高效课堂下的语文教学

——走在"课改"的中途有感

宋俊艳

最近这段时间,真的好忙!但是忙碌却很充实,平凡却很快乐。在有限的时间内,我又重新翻阅了和新课改"高效课堂"有关的领导讲话和书籍,尤其田局长的讲话、袁局长在课改动员会上的讲话和《高效课堂22条》,让我从重温中又获得了新知。近一个月的时间,在学校教导主任孙玉晓老师的带领下,我们每周一次前往河南荥阳市第一小学参加集体教研,让我在集体活动中又有了新的认识。除此之外,这段时间,我还抽出课余的时间学习与新课改有关的知识,《特级教师的特别建议》《致青年教师》让我从中也有所启发……当再次回想起自己所努力学习的这一切时,我觉得自己是幸福的!因为在给自己充电的时候,我也在不知不觉、潜移默化中锻炼了自己、提高了自己。我收获了,所以我感到幸福!此时此刻,我也更加坚信了袁局长的讲话:"坚持,坚持是一种品质,坚持就能突破,坚持就一定能成功。"

作为一线教师,我的话题永远离不开课堂,而在最近,我的思想在两个地方的课堂上跳跃着:一小的课堂和我们七小的课堂。京剧大师梅兰芳曾说过:"不看别人的戏,就演不好自己的戏。"我也同样认为:"不听别人的课,就上不好自己的课。"所以每周去荥阳一小听课的时候,我都会带着学习、交流的心态去积极地融入课堂,之后我会带着自己的收获、想法和疑问在自己的课堂上进行强化训练。从两个课堂上,我看到了孩子们的区别,但是我知道,本质的原因还在我个人身上。结合新课改的理念、别人的做法,再针对自己的语文课堂,我也在静静的反思中对高效课堂下的语文教学有了新的理解:

一、高效课堂下的语文课一定要散发出浓浓的语文味

"语文味"这一理念是由广东深圳教研室程少堂副教授在我国学术界首次提出。他认为"所谓的语文味,是指在语文教学过程中,在一种共生互学、共享的师生关系中,主要是通过情感激发和语言品味等手段,让人体验到的一种令人陶醉的审美快感。"

王崧舟老师这样说:"我们要守住语文本体的一亩三分地,即'语文味'。语文的本体是什么?显然不是语言文字所承载的内容,即'写的什么',而是用什么样的语言形式来承载这些内容,即'怎么写的'。语文要学的就是这个,语文味所指的就是'这个味'。具体来说,语文味表现在'动情诵读、精心默读'的'读'味,'圈点批注、摘抄书作'的'写'味,'品词品句、咬文嚼字'的'品'味。"

那么如何让语文课上出语文味呢?结合自己的课堂,我觉得应该从以下几个方面入手:

1. 以读为根

传统语文教学重视"读书百遍,其义自见"的积累、感悟过程,这也是学习汉语言的基本规律,是学生学好语文的必由之路。文章的情感和韵味不经过反复诵读是难以体会到它的美妙之处的。然而"正确、流利、有感情地朗读课文"这一最基本的要求已被我们的许多语文教师忽视了,现在高效课堂下的语文课,很难听到学生声情并茂地读,学生读的权利不知不觉被架空了。在上次听完我校孙玉晓老师执教的《伯牙绝弦》后，我感触良多。孙老师在指导"善哉，峨峨兮若泰山"和"善哉，洋洋兮若江河"时，那充满感情的朗读指导，将班上的孩子带入了一个动情的关于友情的情感世界之中，一声声的心语，让孩子们体会到俞伯牙和钟子期深厚的友谊，感受到了他们是交心的知己。之后，当孩子们再次把书拿起来，他们的朗读博得了听课老师的赞扬，从孩子们朗朗的书声中真的仿佛看到了伯牙和子期共在时的快乐，也仿佛感受了伯牙失去故友后的悲绝之心。

在课后，我想起了刚上班时一个老教师对我的教诲：任何时候都不要忽视语文教师的基本任务——"指导学生正确理解和运用祖国语言"。是啊，回想起自己的课堂，我的学生仿佛已经失去了掌握"正确理解和运用母语的能力"，我提醒自己绝对不能忽视培养孩子的这种能力。这种能力从何而来？答案是唯一的，那就让学生读书，让学生去感受，让学生去体味。通过阅读大量的精美文章，积累语言材料，获得语感，进而形成语言能力。语感不是教师教出来的，是在反复的朗读吟咏中熏陶渐染的。

2. 立足文本

"读是根本，品是核心，以读促品，品读交融"这是我的语文阅读教学观。我们的语文阅读教学要在读中品，品中读，品读结合。品读，就是精读、深析，就是对课文的赏析；体味，就是从不同角度，或选点，或铺面，对文章进行品评鉴赏，从字里行间看出作者遣词造句的功夫与用心，看出文中的美点妙要，品出力透纸背的意蕴。尤其是对文章中的重点精妙词句进行品析。如采用"加一加"的方法，即在原文上增加字、词、句子或段落等办法，让学生比较、推敲、品味语言的妙处；采用"减一减"的方法，让学生在课文上删减标点、字词、句子或段落的办法，让学生比较、推敲、品味语言的妙处；还有"调一调、换一换、改一改、联一联、读一读",抓住重点句子和关键词语等好多方法品味语言,它们确实是品析语言精妙的良方,是培养学生语感的有效催化剂。总之,在教学中我们一定要立足文本,挖掘其内涵。

3. 读写结合

读是基础,是为写做准备;写是运用,是更深入的阅读。我个人认为阅读教学还应读写结合,达到读写一体化。因为阅读是接受信息、理解信息、处理信息,写作是输出信息。输出信息是运用知识后的展现,是运用阶段。如果阅读仅仅停留在字词句的意义上,奔忙于繁多的字词句含义的挖掘,那么学生的写作能力一定会受到束缚,阅读只有从整体上把握,从作者作文的意图上思考,才能深入理解文字。

回想起自己的课堂训练,我和学生共同读写了许多好的片段。最近在教学《搭石》和《跨越海峡的生命桥》两课时,我对学生进行了片段练习。选取两件学生作品如下:

张瑜同学作品——

今天,我们学了《搭石》这一课,我不仅认识了一种新生的事物"搭石",而且还从中明白了一些事理。真的,其实在我们平凡、平静、平淡的生活中,还是有很多"美"的,有人、有事、有景……可是这些"美"往往被我们所忽视,我想起了雕塑家罗丹说的一句话:"世界上并不缺少美,而是缺少发现美的眼睛。"在以后我的学习生活中,我一定擦亮自己的眼睛,用心去寻找生活中的"美",把握现在的幸福,也给别人带来幸福。

丁芳芳同学作品——

远方的朋友小钱,今天我读了你的故事,我和我们班的同学都掉泪了。你很不幸运,得了白血病,这对于你来说真的是一件悲痛的事情。可是,你也很幸运,因为在大约十万人里才有可能找到一个适合你的骨髓手术的人出现了,我们班的同学都为你欢呼了起来。后来,我们越来越感动了:为你捐献骨髓的台湾年轻人为了你不顾个人安危;给你做手术的李博士为了你夜以继日;帮你做护理的医护人员为了你不知疲倦……这一切的一切让我在泪眼模糊中又想起了那首歌:"只要人人都献出一份爱,世界将变成美好人间……"

以前,我的爸爸就说我是个善良的小姑娘,学完今天的课文,小钱,你知道吗,我更要做一个有爱心的孩子。小钱,看了我的信,你现在一定鼓足了勇气好好活下去,对吗?你一定会为了爱你的人更加坚强的,小钱,你要勇敢地面对今后的一切,等你的身体恢复后,这个世界上又会多一个"爱心天使"。

看着孩子们的写作,我不止一次地被打动,我只希望我的学生能在今后对课文的品读上继续挖掘写作资源,从教材中继续挖掘写作方法,从教材中继续挖掘作文思想、情感、内容素材。同时在今后的工作中,我也会紧紧凭借教材这个"例子",为学生搭建语言实践的平台,引导他们在实践中内化语言,运用语言,从而升华他们的人文内涵。如此,语文教学才是真正回归了本位,凸显语文味。

二、高效课堂下的语文课一定要重视学生的自主探究

语文课程标准理念之一是倡导学会自主、合作、探究的学习方式。其实倡导学生的自主探究就是让学生自己提出问题,自主分析问题,自主解决问题。现在的高效课堂更需要我们更新教学方法,将教学关注的焦点聚焦在学生身上,把教学当成学生自己的实践活动,放手让学生自己确立学习目标,组织学习探究的过程,在语文学习的实践中掌握知识,提高能力,培养道德情操。那么在语文教学中应如何让学生从"探"到"究"?结合最近听的几节课,我有以下几点感受:

1. 在自主学习中让学生善于发现问题、敢于质疑,鼓励学生探究。因为质疑是培养孩子自主探究的起点。

2. 在合作交流中让学生在研读交流中辩论,让他们学会探究。在研读的基础上，鼓励学生发表自己的见解，敢于辩论，这就给学生提供了展示自我的舞台，使自主探究更深入化。在我刚刚讲过的《那片绿绿的爬山虎》一课中，就有这样一句话引起了大家的争议——"那片爬山虎总是那么绿着"。当时孩子们各抒己见，有的孩子只看到了文字表面，可是有的孩子马上否认，因为他们看到了文字背后的东西，他们发现了文字表面写的是爬山虎，其实背后赞扬的是叶圣陶老先生对文一丝不苟和对人平易近人的高贵品质……这样的课堂让我不止一次地发现：只要放手，意想不到的亮点会时时出现在课堂之中。

3. 语文课堂一定要上成"开放的课堂"，让学生从中学会主动探究。素质教育的宗旨在于使学生生动活泼、自主和谐地发展，为实现这个目标，我们的语文应不囿于课堂，要实现超越文本，超越学科，实现课堂的开放，把学生带入活生生的广阔的语文学习天地，创设学生自主探究更广阔的领域。

（1）超越文本实现教学内容的开放。再如孙玉晓老师执教的《伯牙绝弦》中，当讲到"善哉，峨峨兮若泰山"和"善哉，洋洋兮若江河"时"，孙老师又在大屏幕上出现了"杨柳依依""炊烟袅袅"等词语，很快班上的同学都成了一个一个小诗人："善哉，依依兮若杨柳""善哉，袅袅兮若炊烟"等等优美的诗句在教室里彼此起伏。这样的课堂不就是一个超越文本的课堂吗？

（2）学科融合实现教学形式的开放。"他山之石，可以攻玉。"巧妙地将非语文学科融进语文教学中，将收到意想不到的结果。比如在我的课堂上我就经常融入音乐、美术等学科，优美的音乐、直观的画面往往能把学生带入到文本深处。

4. 课外适当延伸，让学生学会独立探究。教学是引导学生在实践活动中探究感悟的过程，在小学阶段要让每个学生成为学习的主体，养成良好的主动学习的习惯，使学生不仅在课内学得生动，而且在离开老师、离开课堂、离开教材、离开学校的情况下，也能主动探究学习，从而打下扎实的语文基础，这对于学生的成长和发展将产生深刻的影响。

三、高效课堂下的语文课一定要体现教师的价值点拨

想想自己的学生为什么跟别人的学生差距那么大？积极踊跃与消极等待、争先恐后与默默无闻、畅所欲言各抒己见与面面相觑不知所措的局面简直无法相提并论……难道这就是老人们常言的："别人的孩子都是好孩子吗？"不，不是因为孩子们。孩子们的"无从说起"是因为我们老师的"点"不及时，孩子们的"答非所问"是因为我们老师的"拨"不到位，总之，我们的语文课没有点拨或者是没有体现很有价值的点拨。

回想起自己的教学，真的如此。有时候也会口若悬河地点拨、引导，但出现的结果不是点拨过度，就是没有把孩子引导到正确的思路上。再想想一小朱老师的课堂，一切环节都是那样衔接自然。朱老师所执教的《青山处处埋忠骨》给我留下的印象最为深刻：毛主席的爱子毛岸英在朝鲜战场上不幸身亡，当得知失去爱子的消息后，毛主席没有流泪，没有说话……他只是把自己静静地一个人关在房间，不停地抽着烟。那时那刻，我想他的心都碎了，真的是可以用"此时无声胜有声"来形容。当朱老师的学生用着一种语速快、语调高的感情读完课文第四自然段的时候，朱老师用自己的语言深情地向学生们诉说了一位失去爱子后父亲的心声，朱老师动情的言语已经感化了她的孩子们，当教室里再响起读书声的时候，现场的老师已经潸然泪下……真的，如果没有朱老师巧妙的引导，这篇感人肺腑的文章真的也许会被孩子们所糟蹋，因为每天生活在幸福乐园中的他们根本体会不到什么叫分离之痛、失去之哀，不知不觉中毛主席那种伟大的精神、高贵的品质已经在孩子们的心上深深烙印。这就是朱老师的课堂：《狼牙山五壮士》、《金色的鱼钩》等等很多精彩的点拨都让我记忆犹新。

一节好语文课的成效让我感觉到了教师点拨的作用，也让我深深认

识到了教师的点拨要紧紧扣着教学目标、教学重点和教学难点；我还清醒地认识到教师的"点"要点在学生不懂或似懂非懂之处；教师的"拨"要拨在学生忽略而与教材重难点关系密切处。教师的点拨必须要把握好度，要"适时"、"适度"、"适当"、"适合"，才能让孩子们发挥得淋漓尽致，让课堂展示得精彩纷呈，让我们的老师笑逐颜开。

　　以上是我近段时间在教学上的一点感悟，坐上"高效课堂"的这趟快车，我直到今天才没有了最初的抵触情绪，直到今天我的心才能心平如镜，也是直到今天我才能真正地为"为高效"而思考、而创新、而努力！我现在只想用歌德的话来表达我的想法："稳稳站住，观看四周，有能力的人在此世并不沉默。"

小学英语合作分组学习策略研究

陈 楠

一、合作分组学习策略提出的背景

英语作为第二语言，缺乏必要的语言学习环境，尤其是对农村小学生来说，问题尤为突出。从我校的实际情况看，一部分教师在课堂教学中采用机械性反复操练的现象还是比较普遍；小学生则过多地倚重"接受性"学习，知识学习被动，缺少兴趣，缺乏自主学习的能力，也缺乏合作学习的精神。

小学生在课外和家庭缺乏同伴间的帮助与合作，以致英语学习没有巩固，英语水平提高速度慢。

课程改革倡导"自主、合作、探究"的学习方式。而所谓"合作学习"，就是为了完成共同的学习任务，两个以上的个体或个体与群体之间互帮互助地进行学习，从而达到共同提高、共同进步的目的。

《英语课程标准》提出的以"任务驱动"为核心的小学英语课堂教学就是以促进学生主动发展为宗旨的新型教学形式，充分体现了以学生为中心和以人的发展为本的教育理念。它可以根据学生的不同水平设计不同的任务活动，让学生互助合作完成任务，从而最大限度地调动和发挥学生的内在潜力，培养学生学以致用的意识和进行语言实践的能力。

合作学习是基础教育新课程改革倡导的新学习方式之一。国务院《关于基础教育改革与发展的决定》中明确指出："鼓励合作学习，促进学生之间的相互交流、共同发展。"因此如何实施合作分组学习，促进学生学习方式的切实转变，就是我要提出的个人研究问题。

二、课题研究目的

1. 通过研究合作分组学习策略，使合作分组学习策略在各个英语教学模块中得以优化使用。同时根据教材和学生的认知水平开发多样化的分组学习实施策略，以适应不同的学习情境。

2. 通过研究满足学生的心理需要，突出教学的情意功能，注重学生非智力品质的培养与发展，以情育智，追求学生智与情的和谐发展。培养学生的合作意识和团队精神，使他们感受集体智慧的力量，分享成功的喜悦，真正体验学习的乐趣。

3. 通过研究培养教师角色转换的能力，学会充当"管理者"、"咨询者"、"顾问"、"活动的参与者"等多种角色，提高课堂教学的有效性。

三、研究对象

小学三年级全体学生

四、研究的主要内容

1. 学生如何在课堂运用自主、合作分组的方式学习英语的一般策略的研究。

2. 英语课堂教学中互助合作教学策略设计的研究。

3. 丰富课内外学习资源，培养学生主动的英语思维能力和学习能力，逐步形成良好的英语交际能力的研究。

4. 教师在英语教学中如何进行互助合作的研究。

五、研究的过程

（一）科学论证

在我确定以《小学英语合作分组学习策略的研究》为研究课题后，对课题研究方案进行了科学论证。重点是通过学习统一和深化认识。

为了对合作学习有进一步的认识，我学习相关理论，有王坦所著的《合作学习的理念与实施》、马兰所著的《合作学习：给教师的建议》、《合作学习的价值内涵》等。接着，在每次的课题组例会上，我将学习所得传输给每位教师，组织教师对合作学习的理论进行了学习反思，形成了一个共同的认识：合作学习将成为每一位教师和学生经常采用的学习方式乃至生活方式，组织合作学习，培养合作能力的实践研究具有较高的应用价值。

（二）积极开展行动研究

1. 关于合作学习的文献研究和调查研究

这项研究的目的是了解理论研究的贡献和不足、实践研究的创新和弊端，并对它们进行比较和甄别，以便选择和确定我自己组织合作学习、培养合作能力的思路和对策、措施和方法。

2. 开展使互助合作真正成为学习的重要形式的研究

（1）科学分组是互助合作的前提

综合学生的学习基础、能力、特长、性别等因素，按照"互补互动、协调发展"的原则进行分组，人数一般以4~6人为宜。组内成员有明确的分工，在一个阶段每人都有相对侧重的一项职责，担任一个具体的合作角色，一定时间后角色互换，使每个成员都能从不同的位置上得到体验、锻炼和提高。同时，我还要积极地把分组的形式加以尝试与优化，而不局限于固定不变的分组模式，如：自由搭配式、差异组合式、同质组合式、大组合作式等。

（2）合作任务是互助合作的指向

在组织学生进行互助合作之前，教师一定要将合作任务交代清楚，让每个小组带着问题和任务去开展讨论合作。合作任务的完成必须依赖所有成员的共同努力，因此，每位成员必须明确自己的角色定位，承担起自己的责任。这种责任承担主要体现在两方面：一是做好自己在组内分工的任务，二是在做好本职工作的同时，积极主动地协助他人，这种"积极主动地协助他人"不同于其他学习情境中的"帮助"、"援助"，而是组内成员应尽的义务和不可推辞的责任，因为在小组合作学习中，没有个人的成功，只有小组共同目标的达成。

（3）独立思考是互助合作的基础

学生没有经过对学习、探究问题的独立思考，在合作学习时认识肤浅，讨论时会人云亦云，盲目随从，使合作学习的实效性大打折扣。因此，在互助合作前，应让学生进行独立地学习思考，让每一个学生都有思考与交流的机会和时间，再把自己的想法进行讨论，形成小组集体的意见。

（4）共同成果是互助合作的落脚点

一个小组就像一个团体，需要每个成员树立"荣辱与共"的意识。小组成员之间相互配合形成一种积极的依赖关系，小组合作的成果是形成合作学习的共同成果，融入每一名组员的付出，并得到每一名成员的认可。教师评价的重心由鼓励个人竞争转向小组合作的共同成果的形成，用小组总体成绩作为奖励和认可的依据。

（5）教师参与是互助合作的保证

教师作为学生学习平等中首席，应真正发挥自己在合作学习中的角色，以组员的身份参与讨论，巧妙引导，给学生提供及时的帮助，使互助合作顺利进行，达到预期目标，这是教师作为"引线人"和"及时雨"应发挥的作用。

3. 加强学生回家后学生互助合作的研究

（1）创设良好的合作学习的环境

学习环境是影响学生学习动机的一个重要外部因素。著名心理学家罗杰斯指出:"学生只有在身心感到安全的情况下,学习才最有效。"良好的合作学习氛围是一种能让学生感到安全的教学环境,能充分调动学生学习的积极性和主动性,帮助学生形成良好的心理品质,培养学生的合作精神。

(2) 利用小组学习小组长,促使学生之间进行英语学习。让学生明白"合作取得成功"的道理。

合作学习只有真正基于学习的需要,才能让学生自然参与进来并发挥合作学习的价值。内心产生合作的需求是有效进行合作学习的前提。学生亲身体验到合作的愉快,合作意识自然而然会养成。

六、研究的方法

(1) 文献资料法:组织课题组教师学习小学英语任务型教学的理论,更新教学观念,寻找理论支撑,发挥理论指导作用。

(2) 问卷调查法:通过对三至六年级学生的调查,摸清小学生学习英语的基本情况、学习兴趣与学习态度、学习方法等。

(3) 个案分析法:组建学习小组,定好组长,充分发挥学生小组长的作用,让基础好的学生带动身边的几个学生共同进步。同时,对重点帮困学生个别配好学习对子,随时记录情况,进行个案分析。

(4) 经验总结法:组织英语教师开展各种教研活动,及时分析总结。

总之,我绝不能为了研究合作分组学习策略而进行合作学习。北京师范大学博士曾琦在《合作学习的发展与展望》一文中指出:"学生是具有丰富个性的学习者,不同学科的学习规律也有所不同,并非在任何教学条件下,合作学习都是最佳的教学组织形式,我们需要研究合作分组学习适于解决何种学习任务。"所以,只有一切从实际出发,才能发挥出合作分组学习的最大的作用。

葫芦丝音乐在农村
中学音乐教学中应用的尝试

荣军梅

器乐教学已经成为学校艺术教育的重要环节之一。在乐器的选择上,大多数学校选用竖笛教学、口风琴教学等。特别是竖笛教学,因其音高准确、价格便宜、简单易学等因素,成为许多学校的教学研究选择。为普及民族音乐,弘扬中华民族文化,让更多的人尤其是中学生了解、喜欢我国的民族音乐,笔者认为,在器乐教学中还可把一些具有民族特色的小乐器(如笛子、葫芦丝、巴乌等)运用于课堂教学中,只要抓住其优点,教学方法得当,就可以为音乐课堂教学注入新的活力。

葫芦丝是流行于我国云南等少数民族地区的一种吹奏乐器,它音质如丝绸般柔美,并且携带方便,近几年来颇为流行。当习惯了重金属音乐喧嚣的人们聆听到来自云南的葫芦丝音乐时,那天籁般柔美的声音仿佛将人们重新引领回大自然,一切都显得那么纯真与质朴。

笔者选择把葫芦丝引进课堂教学,在平时的音乐教学中增加葫芦丝音乐教学内容有两个原因:1.葫芦丝的吹奏技巧简单易学,容易入门;2.葫芦丝的音色优美,容易引发学生的兴趣,激发学生学习的积极性。

所以在寻求了学校领导的帮助下,利用县教育局开展学校艺术节的契机,笔者成立葫芦丝兴趣小组进行葫芦丝教学。通过一个学期来的教学,笔者在实践过程和教学理论方面进行了一些探究。在学前指导上,通过民间传说让学生喜欢上葫芦丝,了解葫芦丝的结构;在学法指导上,分层次、深入浅出、循序渐进,符合中学生学习的认知特点;在乐曲选择上,结合民歌与基础练习,做到生动活泼,既有基础技能的学习,又不易产生烦躁心理。通过作品欣赏和参与表演,树立学生的自信心,培养学生高尚的审美情趣与品位,达到弘扬民族文化的目的,从而丰富中学音乐教学课堂。

一、抓好基础训练是关键

俗话说:"万事开头难。"要想把葫芦丝教学进行下去,入门阶段是最关键的。如呼吸方法、指法、气息的运用等,这些环节必须循序渐进,逐步提高。气是所有管乐演奏的内动力,学生最终演奏水平的高低取决于气,而练气是教学中最难的一环。人们在日常生活的呼吸,只是一种维持生命的最低要求的自然的呼吸,而器乐演奏的呼吸甚至会用到几乎全部的肺活量,学生很难做到。所以刚开始学习时,笔者只要求学生使用部分肺活量练习,避免练习过长的音,以免他们既要考虑手指的动作,又要考虑呼吸的方式,而使动作失调。

指法练习是器乐演奏的重要要素。低年级学生指力差、易疲劳,一般练习4~5分钟就让他们停下来,听听乐曲,活动活动手指、手腕,避免手指受损。同时每堂辅导课前让学生先做做手指操,指导学生掌握正确的演奏姿势,用最轻松的方式持住葫芦丝,使手指的灵活度、灵敏度能够充分发挥。对中高年级的学生要求他们在长音上多练习,在速度上提出快速、慢速、由慢渐快、由快渐慢等各种序列练习要求,让他们渐进有序地感受不同音的美感。

二、根据学生特点做到因材施教

学生在接受能力上有个体的差异,根据学生的不同特点,笔者采用分层教学、因材施教的方式,使每个学习者都得到应有的发展。对尖子生既让他们带领其他学生,又对他们提出更高的要求,单独给他们安排专门的训练;对基础薄弱、接受能力不强的学生安排简单易学的曲目,认真帮助他们树立学习信心,让他们在激励的环境中学习。同时,通过学生之间的"帮教"活动,帮助他们取得进步。

三、重视实践,学以致用

学生的表现欲是非常强的,如果不给他们一个展示自己的机会,势必打击他们学习的积极性,所以在学校的年级活动、艺术节、大型活动上都给他们创造崭露头角的机会,让学生登台表演。并且和社区联系让学生到一些社区去表演,如本学期就去过两个社区进行表演,在表演的过程中得到家长及观众的一致好评,学生的表现欲也得到满足。

经过一个学年来的学习,葫芦丝兴趣小组的学生在葫芦丝的吹奏方面都有了很大的进步,60%的学生已经能吹奏难度较大的乐曲,如《瑶族舞曲》《爷爷为我打月饼》《高山青》等;35%的学生能吹奏难度一般的乐曲,如《太阳出来喜洋洋》《友谊地久天长》等;只有5%的学生仅掌握较简单的演奏技巧。通过对这个兴趣小组和其他学生的比较,笔者发现兴趣小组的学生在视谱、唱谱以及其他的乐理知识方面都相对于普通教学班要强,而且在平常的教学中,他们的接受能力和反应能力都要好。这说明器乐教学对提高学生的音乐表现能力、音乐创造能力等方面有很大帮助,同时也说明民族小乐器进入课堂同样可以给学生带来新的体验。

虽然曾经有人说过民族小乐器因手工制作原因费用高、音高不标准问题,不大适合引进课堂,但是笔者认为对于民族乐器只要扬长避短,发挥其优势,一样可以为音乐教学课堂增加活力!

写好作文评语

李伟强

改作文是许多语文老师头痛的事,有的老师作文批了一个月了还没有改完。我则不然,学生作文一般上交两三天就点评结束。因为我知道这是件必须做的事,既然总归要做就不如及时地认真地去做。前些年我改作文是打个分数,写写终结评语,现在又加上了眉批旁注,学生特别爱看。我认为作文评语应注意以下几个方面,这样才会起到应有的作用。

一、多鼓励多赞扬

不管是总评还是眉批旁注,我总是尽量指出学生作文的闪光点。"你的字体真让老师羡慕""这一段语言很有文采""这个例子新颖恰当""不久我校天空就要升起一颗写作新星"……像这样的话语老师不要吝啬,当学生看到这些评语时内心一定会掀起快乐的涟漪,以后他(她)会在这方面更显优势。对于好的语段也可以用波浪线画出来,也可以旁注"好"。我国文坛巨匠茅盾小学时代的两本作文,作文中留下了老师充满热情的赞语:"好笔力,好见地,读史有眼,立论有识,小子可造,其竭力用功勉成大器。"这些极富鼓舞性的评语,无疑给少年茅盾以极大的启示和鼓励，成了他在文学道路上奋进的动力。无论是优生、中等生还是差生，只要写出了优秀的习作或此次习作有明显进步，就应该正面肯定习作的可贵之处，趁热打铁，以充满激情和希望的评语巩固学生已有的成绩，增强他们不懈努力的信心。

二、指出问题要得体

学生作文明显的问题一定要指出来，以利于学生下次改正，为他们的下次努力找准方向，以期提高他们的作文水平，但语言要注意得体。"你的字很有力量，如果再工整一些就更好了。""这一句让你的文章就如睡醒的蛟龙灵动鲜明。""我理解你的处境，但作为学生首先要遵守纪律，这样老师会更喜欢你。""良药甜口"不更利于喝下治病吗？委婉的话语、灵动的语言让学生在不知不觉中改正了不足，也增加了他们对语言的雕琢意识。

三、要有感情关注

大多老师评语更多地关注写作技巧方面，而我对内容（包括认识、观点、情感、心理等）也很关注。我认为对学生多些人文关注对他们健全人格的养成很重要，老师感情和他们交流了融合了，也有利于激发学生对作文的兴趣。比如有一次写命题记叙文《跨越》，我班学生郭某写道："别人都能跨越挫折失败而我却不能。"我是这样旁注的："老师认为你不但能够跨越挫折失败，而且你已经跨越了。当老师在课堂上看到你专心听讲的时候，当老师看到你积极发言的时候，老师从内心感到高兴。你在不断进步，你真棒！"在以后的课堂我有意观察郭某，发现他比以往精神状态更好了，并且向我投来感激的目光，这说明我的情感关注起作用了。感情的抚慰、处境的共鸣可以让师生拉近距离，从而使老师的教导起到"润物细无声"的作用。

总之，作文评语要多鼓励表扬少指责挑剔，语言要多委婉得体少生涩直硬，形式要多变化新颖少简单老套，感情要多抚慰共鸣少冷漠距离。

  我会继续写好作文评语，让评语成为师生感情交流的平台，成为学生写作技巧提升的阶梯，成为作文教学中一道靓丽的风景线。

反思——指尖上的舞蹈

谭 政

课程标准提倡学生为学习的主体,主张引导学生作为学习的主体参与到课堂教学中来。那么,在培智一年级新生中怎样来实现学生"主体"呢?学生探究合作学习应该是其中的一方面。在培智一年级学生的课堂学习中,怎样让刚入学的新生适应合作型的学习方式呢?

一、激励交往热情

课堂教学是教师与学生、学生与学生借助教学常规、课程等重要中介进行的认知、情感、态度等诸多方面的人际交往和相互作用的过程。在教学目标上,要注重突出教学的情意功能,追求教学在认知、情感和技能目标上的均衡达成。针对培智学生缺乏合作交流的特点,教学要多方激发学生参与交往的热情,引导学生从交往中体验合作的快乐。可以从两个方面尝试:一是创设交往情境,让学生入境生情,产生良好的交往情绪,从而主动地参与交往。创设问题情境、游戏情境、交际情境都是激发学生参与交往的有效做法。例如在识字教学《自选商场》时,针对孩子都喜逛超市、商店的习惯,设置到商店中的情境,让大家说说商店中有哪些物品,学生立即充满兴趣地进行了热烈的讨论。二是改变评价方式。教师对合作交流的评价，除了对小组成员个体的评价以外，更要注重对小组团体交往过程的评价，会利用恰当的时机表扬小组学习过程中的团结合作精神，并对这些小组给予整体的小奖励（如小红花、小红旗等），激发学生的小组荣誉感，让学生愿意合作来完成学习任务。

二、培养交往技能

合作交流作为一种新的学习形式出现在培智学生的学习过程中，一开始组织实施时，学生会因缺乏合作而显得生疏，难免会出现乱说乱叫、秩序混乱等状况。为了达到良好的合作效果，教师必须进行恰当的引导。比如提倡学生"说明白话"，小组合作交流，每个成员都有说的机会。培智学生可以说，但往往心直口快，还没有想好就急于脱口而出，有时会说半截话，有时说一半话又重说。对于这样的学生，要求小组成员要对他们提出更正的意见，再重新来说。还要培养学生"认真倾听"的习惯，小组成员在交流时其他成员必须认真听，才能听清楚别人说的意思。在实际课堂上我们发现许多培智学生听的习惯特别不好，教师可以有针对性地培养。比如让学生静静地听老师说一句话，然后再让同学重复。也可以请同学说一句话，听完之后让同学来复述，逐渐让学生学会认真倾听。

当然，学生交往技能的培养需要一个过程，只有教师有意识地引导，让学生形成良好的交往习惯，小组合作交流的质量才会得到逐步提高。

三、提供交往机会

合作学习作为一种有目标导向的活动，强调课堂上的互动交往，以此提高学生的认知水平，培养学生良好的非认知品质。在班级教学的过程中，教师要根据学生的实际和教材的特点，尽量提供适量的交往机会，不要老是担心完不成教学任务而剥夺学生交往的机会。教学中注意加强同学之间的互动，培养学生的交往情感和合作意识。

1. 在交往中识字。语文课程标准要求培养学生主动识字的愿望和独立识字的能力。学生在听读识字的过程中,通过听与问的途径自学生字,还可以自制生字卡片。在课堂教学时,教师提供让学生在课堂里交流的机会,这样学生在互听互检的形式下交流,每个人把认的字读给伙伴听,如果遇到不懂的字,伙伴可以提醒再认一认。如此一来,学生在课堂内互教互学,其乐融融,教师则可在学生交流的基础上,针对难认的字再重点指导,提高了识字效率。

2. 在交往中欣赏。在学习识字的过程中,要求学生自制生字卡片,下课后同学们在老师的帮助下,许多学生会做出许多的漂亮实用的生字卡片。这样,在教学过程中,可以安排学生小组交流展示,引导学生在伙伴的欣赏中体验亲自动手劳动的快乐,从而更愿意动手去做这些事情。

以课题为载体的教学评价研究

于红莲

2010年8月我所在的学校申报了《郑州市构建道德课堂的实践研究》的子课题《道德课堂教学评价体系的研究》，该子课题被列为郑州市重点课题。课题立项后，全校上下高度重视，及时召开了道德课堂课题研究各类专题会议。查保翔校长为课题负责人，全体一线教师参与，进行以课题为载体的行动研究。

细化解读课标工作一直是一项重要的教研工作。学校通过开展课堂教学观察活动，透视课标解读效果，进行课堂教学评价体系的研究，努力构建道德课堂。

一、解读课标，用目标管理课堂

学校以学科组、备课组为单位，发挥集体的力量，进一步将课程较为概括的总目标细化，确定为"调节教学案"每一课时的学习目标，并且每一条学习目标要具有检测性与可操作性。课堂是解决问题的地方，既要解决与目标匹配的真问题，又要针对目标设置目标样题和目标检测样题，根据目标样题设置教学环节和选择教学策略，将分解后的目标逐条落实到每个教学环节中，用目标创设情境、用目标设计教学环节、用目标决定教学策略、用目标进行检测。

备课组通过设计评价量表，用目标检测样题来对学生学到什么程度、教师教到什么程度进行评价。

活动设计紧扣学习目标，减少无效环节。要求各科每节课必须要有课堂检测环节，通过检测环节，了解目标达成度。

二、开展课堂观察活动，完善课堂观察量表

学校通过开展课堂观察来透视课标解读，关注课堂文化及其生成，构建道德课堂。

学校设计的课堂观察量表从以下两个维度进行观察，即从学生学习维度和教师教学。从学生学习维度来讲，观察点从课前准备、课堂倾听、师生互动、自主探究、目标达成等方面选择。例如，观察学生准备，设计为：观察课前准备了什么？有多少学生做了准备？优秀生、学困生的准备习惯怎样？任务完成的数量、深度及正确率怎样？再者观察自主探究，设计为：观察自主学习的时间有多少？有多少人参与？学困生的参与情况怎样？自主学习形式有哪些？比如探究、记笔记、阅读、思考、练习等，各有多少人？自主学习是否有序？优秀生、学困生情况怎样？最后目标达成方面，设计为：观察学生清楚这节课的学习目标吗？多少人清楚？课中有哪些证据证明目标的达成？课堂检测有多少人达成目标？发现了哪些问题？

从教师教学维度观察点来讲，我校从教学环节、课堂对话、教师指导、教学机智方面选择。如课堂对话，设计为：观察提问的时机、对象、次数和问题的类型、结构、认知难度如何？候答时间？回答方式、内容怎样？有哪些辅助方式？有哪些话题？话题与学习目标的关系怎样？

在课堂观察前，召开课前会议，授课教师先谈本节课的课标解读及教学设计，课前说明侧重三个方面：首先，阐明教学背景。介绍教学背景，目的在于增进观课者对课堂情况的了解，增进对本课教学基础和后

续发展的理解。教学背景包括先前学习基础、学生状况、目标任务与分解等。其次，要介绍自己不同常规的教学创新。最后，介绍本节的教学设想和将要展开的主要的教学活动。

参与课堂观察的老师根据授课教师的教学思路自行选择、确定课堂观察维度，然后带着问题去听课，依据观察点做详细记录。授课结束，召开会议，由授课教师进行课后反思。观课教师对自己观察点进行总结，对教学作出评价。为了让教师都能有发言的机会，学校实行的是"1+1"式的评课模式，即每一位学科听课教师都必须发言，每人说一条优点，谈一条建议，但每个教师的发言内容不能重复。"1+1"式的评课模式效果很好。

我认为没有行为变化和行为坚守的课改是失败的。"课堂是生命与生命相遇的地方；遇上不负责的教师时，也是浪费生命的地方；课堂是驯化思维的地方，也是成长的地方，还是圈养的地方；学生要带着问题走进课堂，带着问题走出课堂；学生在进课堂和出课堂时，思想上要有变化。"

通过细化解读课标和课堂教学观察活动及"四步导学教学模式"的探索，学校教师的教学方式和学生的学习方式都在转变，我们正行进在有效教学的路上。

课堂上学生为什么不爱举手

陈红伟

近期,我们又开始了新一轮的研讨课活动,我作为教学管理人员听了许多课,其中有一部分课堂无论老师怎么启发,举手的学生总是寥寥无几,老师甚是尴尬,有的甚至是大发脾气,讽刺挖苦学生,影响到课堂教学效率的提高。

课堂上学生为什么不爱举手?我一直都在思考。后来在跟许多老师的探讨中,触及到了问题的一些根源。究其原因,我认为可能有以下几点:

1. 与教师的教有关

学生课上举不举手根源在很大程度上在于老师,老师唯有从自己的教学各层面着力,学生就不至于上课习惯"缄默"!不同的老师的课堂上举手情况反差很大,一是老师的提问问题与学生的认知水平反差大,学生无从回答。二是老师平时课堂缺乏问题意识,学生不会提问题,也不习惯举手回答问题。三是老师在平时对学生回答问题没有给予足够的重视,缺乏鼓励,使学生回答问题的兴趣大大降低,而老师熟视无睹,于是形成了现在的局面。四是不同性格老师的课堂,老师的提问与学生举手回答关系也很大。五是教师的学识与问题的质量和学生是否举手也有很大关系。

老师平常要训练学生举手回答问题，学生回答的问题不管错的有多远，不要责备他，让更多的学生回答后，订正问题，指明学生错在哪儿。这样既不伤自尊，又增强学生信心。只要老师在课堂上用好自主—交流—反馈的方式，即：提出了问题，让学生先思考，再交流，最后请学生回答，这时肯定会有学生举手的。

2. 与学生自己的学有关

我们经常会在低年级的课堂上看到孩子们高高举起的小手，争着让老师点名回答问题，没被老师叫起来回答问题还会不高兴，说老师偏心。反而年级越高的孩子们却越来越不喜欢举手，躲避着老师的目光。课堂上就那么几个孩子在回答问题，我们该反思我们教学存在什么问题，低年级跟高年级怎会有如此大的不同？我也觉得激发孩子们的兴趣，并使这兴趣得到保持才是关键！有了兴趣，自主探究的积极性自然会提高。另一方面，老师要把课堂的主人角色还给学生，让学生自己去合作、探究，那么举手的问题会得到有效解决，不至于课堂上老师唱独角戏。

3. 与教师的教和学生的学都有关

如此来看原因是多方面的，我想可以从以下三方面进行思考：一是问题本身的价值参与度；二是平时的师生关系及教学口头评价；三是学生的心理需求等。老师要善于用激励性的语言，明确告诉学生：即便是回答错了也不要紧，只要你大声地说出来！另外，老师回顾自己的言行，是不是对其他同学无意的批评吓住了别的学生？

我们平时在课堂上对学生的评价应该分等级给予鼓励、肯定，对于学生出现的错误更应该注意如何去评价、修正，想让学生敢于发表自己的见解，也是需要一种策略的。

我们要鼓励学生积极参与，这种参与不仅是行为上的参与，比如举手，更重要的是学生思维上的参与。我最近发现，好多班级里举手的大部分是成绩中等的学生，优等生只有在出现挑战性的问题时才举手，而学困生就一直躲避着老师的目光。

4. 与课堂教学环境有关

学生年级越高就越不愿举手回答问题，这除了和年龄有关系，还和在平时的学习环境中养成的习惯有关。平时课堂上如果没有举手发言的习惯，在公开课上就更不用说了。有了听课老师在，心理作用就更大，不像低年级的小学生那样愿意展现自己。教学中我们老师要常采用奖励的办法，来激励学生，奖品即便是给每个小组增加小红旗，也能提高学生的兴趣。我们可别小看这一面红旗，对高年级的学生作用也不小。

但愿我们的课堂在老师的精心打理下，能够让学生做到"小手如林，小脸通红，小眼放光"，营造出一节又一节的高效课堂。

班主任真金

班主任工作的真金

魏宝香

参加工作三十六年,我做了近三十四年的班主任。多年的经验告诉我,班主任劳作的田野不在别处,就在学生的心灵世界里。也就是教师的心灵能抵达学生的心灵,能用智慧去宽容、赏识、巧妙引导、无条件信任学生,特别是那些淘气的孩子。掌握了这门艺术,也就找到了班主任工作的真金。

一、学会宽容

宽容是一种智慧,它隐含着爱、尊重和体谅,能包容人世间的喜怒哀乐。对犯错误的学生,越要惩罚,就越要尊重。尊重一个犯错误的学生,首先要发自内心地承认他是一个好孩子,要心平气和地用爱心去感化他,唤醒他。

记得有一年担任五年级的语文老师时,我把批阅过的作文本发到学生手中,等到课代表收交上来后,我发现小明同学把我批的"良"涂掉,在旁边写了一个"优"。见此情景,我心想:胆子还不小呢?但我没有批评他,也没有在全班同学面前羞辱他,而是把他的作文又认真地看了一遍。老实说,他的作文如果按内容划等级,应该批"优",如果再看看潦草的字体和几个病句,的确该批"良"。尽管如此,我不仅没有涂掉他写的"优",而是又工工整整地写了一个大大的"优",并且在"优"的旁边写道:你是一个有上进心的孩子,如果你能把字写工整,把句子写通顺,魏老师再在你本子上打"优"时就不会犹豫了。事后,我像什么事都没有发生一样。可再看看小明,起初他见到我觉得不好意思,几天后他主动找我谈心,承认自己的错误。你看,我用宽容打开一扇通向爱的大门,孩子却找到了一条成功的必经之路。

记得还有一次,下午我去给学生放学,许多同学一看见我都七嘴八舌地争着说:"魏老师,刚才小茜说你逝世了。"我开始猛地一愣,但马上想到当天布置学生写《我的伯父鲁迅先生》的预习作业,让学生查"逝世"等词的含义。于是,我心平气和地对打小报告的同学说:"小茜不会那样说的,一定是你们听错了。"看着我毫不在乎的样子,有些同学不再说什么了,但还有一些固执的同学坚持说:"魏老师,她真的说了,真的。"再看看小茜,她害怕地低着头,好像是心甘情愿地等待着我的惩罚。我怎么忍心去惩罚一个天真烂漫、纯洁无瑕的孩子?她也许是为了出风头,也许不懂"逝世"的含义。我只是对小茜笑着点了点头,表示老师不会追究你的。谁知第二天,小茜下课找到了我,哭着向我承认了错误,我趁机对她进行了正确引导。你看,我给了孩子一份真诚的宽容,孩子就向成功迈了一大步。

"海纳百川,有容乃大。"唯有宽容才能打开一扇通向爱的大门,才是通向成功的必经之路。

二、学会赏识

为了缩短与学生的磨合期,我常常去欣赏我的学生。欣赏是一种善良的心态表现,在现实社会生活中,每个人都渴望得到别人的欣赏。同样,每个人也应该学会赏识别人。作为老师要欣赏自己的学生,必须具有愉悦之心、仁爱之怀、成人之美的善念。这样,欣赏者和被欣赏者之间才能产生一种互动的力量。学生才会树立自尊心，奋进之心，向上之心。欣赏学生，使我改变了对"差生"的看法。在实际的教学工作中，几乎每一位老师都爱优秀学生，而爱所有的学生——尤其是"差生"却不是每一位老师能够做到的。就我本人而言，也有一个转变的过程。首先是"差生"打动了我。就我教过的毕业生中，毕业后，看见我主动打招呼的是"差生"；过节时，到家里去看我的也不全是优秀学生。特别是有一次在上班的路上，当时天下着小雨，我没有打伞，一个所谓的"差生"在我身后把伞举到了我的头顶，当时我很惊讶，也非常感动。这些"差生"的表现令我汗颜、内疚，使我逐步克服了头脑中的偏见，走向了成熟。

现在，我彻底转变了对"差生"的看法，也就是我的眼里没有"差生"，真正做到去尊重每一位学生，打心眼里喜欢班上的每一个孩子，欣赏每一个孩子，善待每一个孩子，让每一个孩子跟着我学习都感到快乐，都得到应有的进步和发展。

三、巧妙引导

作为班主任，我虽然没有什么经验，可我不想失败，我想让班上每个孩子的潜能都得到最大限度的发挥。工作中，我把对学生的思想教育放在首位，把爱的阳光撒向每个学生，特别是淘气的孩子，因为他们都是一块块有瑕的真玉，都需要老师用爱心和耐心去琢磨。2008 年，我带的六年级三班从深圳转来一个单亲家庭的孩子——小魏。开始时，他上课不会听课，不写作业，有时放学不按时回家。我找他谈心，以我们俩同姓"魏"与他进行心灵地沟通。但他好不了几天，老毛病就又犯了。可我并不放弃，我知道，"冰冻三尺，非一日之寒"，要改变他，还需要时间。

记得有一天下午放学，小魏找到我说："魏老师，我妈让你在我给她写的信中写上我在学校的表现。"我首先抓住机会对小魏进行了教育，然后在上写道：小魏妈妈，你好。我是一名老师，也是一位母亲，此时此刻，我最了解你的心。你的儿子聪明活泼，爱好广泛，真是人见人爱。请你放心，我会像对待自己孩子一样爱护他的。小魏接过信，激动地说："魏老师，您真好，谢谢您！"

记得还有一次，那是个寒风凛冽的晚上。我正在吃饭，忽然接到小魏姥姥的电话，老人家着急地说孩子没有回家。我安慰过老人，马上与经常和小魏在一起的孩子联系，让他们在学校门口等我。我们来到汝河小区，一个挨着一个网吧寻找，终于在一个偏僻的网吧中找到了他，把他带了出来。看着浑身冻得瑟瑟发抖的孩子，我先买了一碗热气腾腾的馄饨让他吃，又亲自骑车把他送回了家。当我拖着疲惫的身躯回到家时，已经是深夜十一点了。

在我的精心呵护下，小魏慢慢变得懂事了，也爱学习了。他的姥姥来到学校，拉着我的手激动地说："魏老师，你说话声音不大，又不批评孩子，可孩子能听进去，你说到了孩子的心里！"是呀，教育孩子就要像春雨润物，慢慢渗透，不能像夏天的暴风雨——暴风雨只能雨过地皮湿，不但滋润不了"根"，还有可能伤害"幼苗"。

四、无条件信任

著名心理学家罗杰曾提出一个著名的理论——"无条件信任"。作为教师只有对学生无条件信任，才能真正走进他们的心里。

我曾经遇到过这样一个孩子，他叫小新，是全校出了名的捣蛋大王，课堂上不仅自己不听讲，还影响周围的同学，有位老师批评他，他就和老师顶撞，所有教过他的老师提起来没有不摇头的，庆幸的是小新不在我的班上。记得到六年级打乱分班时，老师们都不愿意要他，校长想了一个妙招：先把小新单独留下，不让他参加分班。谁知校长私下里找到我说："魏老师，你是老教师，有经验，小新就去你班上吧！"看着校长信任的目光，我就无条件地接受了小新。

报到那天，我们学校将近三百多个六年级学生都在教室门口的分班名单中找自己的名字，小新也是一样。当他看到同学们都找到对应的班高高兴兴地进教室，他却怎么也找不到自己名字时，就气哼哼地来到办公室说："分班名单中为啥没有我的名字？"坐在门口的一位老师让他去找校长。大约五分钟后，小新垂头丧气地走出校长办公室，来到我面前对我说："魏老师，您收下我吧，我一定会听您的话，改掉缺点，您就给我一次机会吧！"看着眼前这个泪流满面的孩子，我隐隐心疼，给予了他无条件的信任。我握着他的手说："请你相信，老师一定会真诚地关心你，也相信你一定会进步的！"

在和小新相处的一年中，我虽然付出了很多：曾经无数次推心置腹地与他谈心，无数次下班后留下他补完作业并亲自骑自行车把他送回家，无数次下班后拖着疲惫的身躯去家访……但我也得到了回报，因为我看到小新在不断地进步，由开始时只听我的话，我上课他才能遵守纪律到所有任课老师上课他都一个样。毕业考试时，他的语文和数学成绩都在九十分以上。他的妈妈坦言道："要不是魏老师对孩子的帮助，他就不会有今天的进步。"我想，如果我当初对小新是一颗冰冷的、不肯原谅、不肯信任的心，他就有可能变得更糟糕，如今我回忆这件事，就会觉得有一根针刺在我的灵魂。

信任是对学生人格的尊重，是对学生能力的认可。老师对学生的信任是一份责任，更是一种温馨，一股幸福的能滋润学生心灵的暖流。它可以使误入歧途的人重新去发现自身的价值，描绘自己美好的人生。让我们教育者在学生纯真的心田里多播下信任的种子，它必将会结出丰硕的信任果实！

如何关爱自己的学生

孙红丽

教育者要先受教育,塑造灵魂者要先做到心灵美,这是真、善、美的先决条件。新学期以来,正是这份真挚的爱,使我尽可能多地给学生们创造成功的机会,使每一个学生都能经过努力有所前进,使每一个学生都能品尝到成功的喜悦,使他们能天天有所进步。而我,也收获了很多……

记得初任七年级五班的班主任时,看到一大帮不知规矩为何物的毛小子们,我有些发蒙。这群孩子就像一盘散沙,懒懒散散,生活习惯和学习习惯都较差。而且在这个班级里,还有几个特别调皮的学生,他们的所作所为,令我头疼。尤其是浩洋同学,整天上课无精打采,要么搞小动作,要么影响别人学习,没有一点学习的兴趣;作业做不完整,书写相当潦草……几乎每天都有学生告他的状。我找他谈过话,希望他能遵守学校的各项规章制度,以学习为主,按时完成作业,知错就改,争取进步,努力做一个同学喜欢、父母喜欢、老师喜欢的好孩子。他开始是一副爱理不理的样子,后来口头上答应了,可转眼他又一如既往,毫无长进。此时我的心都快凉了,心想算了吧,或许他是根"不可雕的朽木"。但又觉得身为班主任，不能因一点困难就退缩，不能因一个后进生无法转化而影响整个班集体，必须面对现实！

为了有针对性地做工作，我首先与浩洋同学的父母进行沟通。在谈话中，我了解到浩洋的父亲在外打工，只有母亲在身边，并且他不肯听从母亲的教导，做事我行我素，经常受到妈妈的责备。同时我从他母亲的讲述中了解到浩洋又是一个十分倔强的孩子，威胁他、强迫他，不会有丝毫作用。于是我再次找他谈话，谈话中，我了解到他心里怨恨父母亲，认为父母亲对他的关心不够。针对他的这一想法，我列举了他父母亲关心、疼爱他的许多事例，让他逐渐打消对父母亲的怨恨，并且耐心给他讲一些道理。我还常常找他聊天，想方设法跟他交朋友，尽量找一些他感兴趣并且能做的事让他去做。虽然开始时没有什么见效，但我总在心里激励自己，只要我有耐心，他肯定会改变。直到有一天晚上，我接到一个出乎意料的电话，竟然是浩洋打来问我今天的作业情况。当我听到他说"老师，今天有什么作业？我忘记抄了"这句话时，我心里一震，好一会儿说不出话来。我意识到浩洋正在逐渐改变自己。后来，他无论是在纪律上，还是在学习上，都有了明显的进步。当他有一点进步时，我就及时给予表扬、鼓励，使他处处感到老师在关心他。他也逐渐明白了做人的道理，明确了学习的目的，端正了学习态度。

如何去关心、爱护自己的学生，我的"真金"是首先要因材施教，循循善诱。"一把钥匙开一把锁"，每一个后进生的实际情况不同，必然要求班主任深入了解弄清学生的行为习惯、爱好及其后进的原因，从而确定行之有效的对策，因材施教，正确引导，搭建师生心灵相通的桥梁。与他谈心，与他交朋友，使其认识错误，树立做个好学生的念头；或者找一些他感兴趣并且能做的事让他完成，让他感到老师的关心、重视……用关爱唤起他的自信心、进取心，使之改正缺点，然后引导并激励他努力学习，从而成为品学兼优的学生。

其次作为一个教师,都应"以人为本",尊重每一位学生。教育是心灵的艺术。我们教育学生,首先要与学生之间建立一座心灵相通的爱心桥梁。这样老师才会产生热爱之情。如果我们承认教育的对象是活生生的人,那么教育的过程便不仅仅是一种技巧的施展,而且是充满了人情味的心灵交融。"动之以情,晓之以理",用师爱去温暖他,用情去感化他,用理去说服他,从而促使他主动地认识并改正错误。

瑞士著名教育家裴斯泰洛齐说过:"每一种好的教育都要求用母亲般的眼睛时时刻刻准确无误地从孩子的眼、嘴、额的动作来了解他们内心情绪的每种变化。"教师应该像母亲对待孩子那样,以积极的态度去了解和教育学生,然而教师又不仅仅是有细心爱心的母亲,还必须是学生人生道路上的导师,应该尊重、关心、理解每一个学生,尤其是后进生,因为他们往往承受着比其他学生更严重的挫折或更沉重的压力。所以,我总是在他们最困难的时候伸出援助之手,和他们一起分担压力,在他们消极绝望的时候看到他们可贵的闪光点,为那些暗淡的心灵点燃希望之灯。面对那些渴求理解与关爱的后进生,我将永不放弃。

问责与班级管理

鲁秋敏

我一口气读完了 2010 年 12 月 18 日《教育时报》冯志专的《让人深思的问责》，这篇文章让我感触颇深。作为班主任，在班级管理过程中难免会遇到学生犯各种各样的错误。应该如何对待学生的错误？如何把错误变成有效的教育契机呢？这是很好的提法。

不以规矩，不成方圆。制度的重要性，更体现了管理的中坚地位。制度的执行与落实，离不开有效的管理。一个充满责任感的人，必定可以凭着一种强烈的责任心，以认真、细致、周全、不出纰漏的态度完成各项任务。在班级管理中，实行班级管理问责制，自己的职责范围自己负责。班级中的大事、小事，事事都有专人负责，每个人都生怕自己"不小心"就被问责，所以都自觉地完成职责范围内的工作，自觉地履行自己的责任，这样大大减轻了班主任的工作强度，也充分锻炼了学生的管理能力，培养了学生的主人翁意识。问责是一种监督机制，是提高班级综合管理水平的需要，是增强班主任工作意识的需要。有了问责，对自己的行为有所约束，才是完善的班级民主管理制度。

首先，问责要立足任务与使命冷静反省。作为教师，当我们踏上讲台，就选择了这一份责任，更应先做好自我教育，以身作则。面对学生的错误，作为班主任不要急于惩罚学生，不妨冷静地先反省一下自我：我对学生的教育是不是到位？我的教育方法是否适合学生？是不是因为我在某个方面的教育缺失才导致了学生错误的发生？那么，为了避免学生再犯类似的错误，作为学生的班主任，我的教育方法、教育方式和教育手段还需要如何加以改进呢？这样才能做到面对该做的或该承担的事情绝不逃避，也就是承担应当承担的任务，完成应当完成的使命，做好应当做好的工作。

其次，问责、反思与提高是最佳途径。工作就意味着责任。作为班主任要勤思考、多总结、勤反思、多提高。在面对责任时，不应该采取回避态度，应当站在学生的角度，设身处地地想一想学生为什么会犯这样的错误？"遇到任何问题，首先要从自己身上查找原因，首先想我该怎么办，而不是努力去找别人的问题，去想别人该怎么办！"事情办不好，先从自己身上找责任，是教育学生主动承担责任的最佳武器。班级问责制应以实情为本，失责严惩，班主任还应当和学生进行坦诚的交流，不仅要理解、宽容学生的错误，还要和学生一起面对已经发生的错误，用指点迷津的睿智去化解、点拨学生，使学生从错误造成的心理阴影中及时走出来。

实行问责制，促进学校政风行风上水平，对学校形成良好的育人氛围、提高教育教学质量和提升学校教育形象起着积极重要的作用。只有善于问责，才能班风正、学风浓、同学关系和谐、班级秩序稳定，才能创设良好、愉快、和谐、活跃的教育教学环境。

班级管理的反思

王 岩

班级管理是为了教育，而教育又是为了发展。因此，班主任的角色不能是纯粹的教育者，学生也不应该仅仅是受教育者，学生应积极参与班级的管理，或者说，学生才是班级的主人。班级管理应该是以学生自我管理为主，在自我管理中进行自我教育，进而提高明辨是非的能力、交往能力、组织能力、创新能力。班主任的职责应该是协调、引导，而不能是包办一切，也不能是幕后操纵，应该给学生最大的自主权。我在班会、少先队活动中宣传"自己的事自己做"，并举行各类小竞赛激趣、强化意识。课外，我又主动与家长联系，使学生获得更多的培养独立性的机会，保证了学校、家庭、社会影响的一致性。对于学生自我管理的积极性，我经常进行保护和强化。例如我实行了每周两天的"无批评日"制度，使学生不断体验到成功的快乐，巩固进行自我管理的意识。

要真正还学生以主体地位，班主任还必须有民主思想，实行民主治班。每届新带的班级，在接班伊始，我就召开班会，和同学们一起分析我们班的特点，长处与短处，我向他们介绍我带的上一届班级所走过的路，以及她最后取得的辉煌成绩，然后和同学们一起酝酿、讨论班集体未来几年发展规划。我特别要求每一位同学都要参与到这件事中来，因为每个人都是班集体的主人，都有义务和责任打造集体的未来。我认为，讨论制定目标的过程，就是学生受教育的过程，这种目标对学生将起到长期的激励作用。并且这一活动，也增强了集体的凝聚力。《孙子兵法》中云："上下同欲者胜。"这句话对班集体建设同样适用。

班干部是班集体的核心，是班主任的助手，更是班集体的服务员。在班干部的使用上，我的做法是民主选举、动态组合，能者上，不能者下。班干部每周一都要对全班同学汇报上周的工作情况，并布置本周的工作。全班同学每学期对班干部评议两次；对表现欠佳的提醒一次，如期末仍不能令全班大多数人满意，则被免职。这样，班干部有危机意识，也增加了动力，他们甚至可以不在乎班主任的评价，但却不能不重视广大同学的评价，他们尽最大努力，为同学们服务好。把班干部的任免权、奖惩权交还给学生，我戏称这叫："还政于民。"当然班主任也不能当"甩手掌柜"，班主任还要精心引导，防止出乱子。放手当然需要胆识，但不敢放手，"自我教育"、"自我管理"、"还学生主体地位"也就成为一句空话，学生就不能在锻炼中提高能力，得到较好的发展。

为了实现全员参与班级管理，增强每个学生的主人翁意识，我从九六届开始实行轮值班长制度，每位同学都有担任班长的机会，每一任轮值班长任期一个月，在上任之前，需全面提出自己的"施政纲领"，工作设想，并且每个人的工作设想要有新意，既要有鲜明的个性，又要切合本班实际，便于实施，这样极大地调动了广大同学的积极性和创造性。同学们提出了许多富有创造性的设想，包括一些主题鲜明、有时代特色、形式新颖活泼的主题班、团会。如"来自家乡的报告"、"爱祖国从爱母亲开始——母亲节的思考"。学生不囿于老师的训导，积极思索，大胆设想，这是多么可贵的品质！每任轮值班长"谢任"之前，都要在班会上认真总结自己的工作情况，谈体会，并向下一任轮值班长交接工作，还要接受同学的评议。这样，每个同学都有施展才华的机会，通过这一形式，也使同学们增强了责任感，锻炼了自己的能力，也有助于团结、和谐的班集体氛围的形成。

"组合型"班级的激励方法和管理艺术探讨

郑继超

【摘要】当前教育环境下,我们在班级建设和班级管理中,会遇到错综复杂的问题和前所未有的挑战。是什么造成学生心理环境如此复杂?我们怎么做才能改变局面特别是较差班级的班容班貌?在哪些领域中我们年轻班主任可以进行有效探索和大显身手?在当前教育环境下如何科学整合并高效使用现有资源?本文旨在阐述我们有效解决的方法和探索班主任管理的艺术。

关键词:教育环境　心理诱因　刚柔相济　班级文化

一、恶劣的心理表现背后都有更严重的诱因

"××学生个性太强,目中无人!"

"××学生极端自私,心里只有自己,根本不顾及他人感受!"

"××学生学习根本没有动力,好像老师非要求着他学似的!"

"××学生只要逢考试就害怕,那么好的基础竟然就没有发挥出来过!"

"××学生心理有问题！跟别人交流觉得大家好像都是他的敌人似的！"

"××学生品行太差！自己不学习还故意干扰别人！太讨厌了！"

"××学生怎么这么叛逆？总是一副油盐不进的样子！"

"××学生老是管不住自己，老师苦口婆心的教育感化怎么一转身就能抛到九霄云外去啊！"

……

是什么造成学生心理环境如此复杂？

我们怎么做才能改变局面，特别是较差班级的班容班貌？

在哪些领域中我们年轻班主任可以进行有效探索和大显身手？

在当前教育环境下如何科学整合并高效使用现有资源如学生、家长、社会等？

当代的家庭构成模式本身就足以使孩子的心理环境面临巨大的挑战，即便不是针对学校教育、不针对高三，学生面对复杂的生存环境在思维方式、价值标准、道德水准、行为能力、合作精神、处世技巧、个性素养、生活习惯、学习心理等方面都是存在着许多问题和巨大差异的。他们在自发状态下进入高三，相对紧张的生活节奏、相对沉重的学习负担和成绩压力都会成为他们各种心理问题集中爆发的诱因。然而，我们并不是在解决了他们所有的心理问题后才让他们去拼命的，也不是带着一个配备齐全的心理疏导服务团队上路的。所有的问题如同火山爆发或地震一样不定时不定等级地显示出来，然后家长、学校管理层、老师们如同消防队一样纷纷扑上去，纷乱中，"火势"可能暂时压住，可是却为下一次大规模喷发埋下了伏笔！

在班级环境下，所有的学生的心理表现其实都是通过学校管理模式和教师评价标准而产生的。换句话说，我们经常所说的学生优秀和不优秀都是采用了学校和教师的固有标准。如果我们能够假设或者全面考察学生的成长过程和生活现状,我们会惊奇地发现:其实哪怕你面前这个最糟糕的学生也是一位了不起的英雄!

我们只要足够细心,你会发现,很多孩子对老师的态度其实是他面对与他接触的所有人中最友善的。其实也就等于证明在他(她)所有的人际关系网络中我们老师是他们最重要的交流、倾诉和可信赖的人。由于我们所无法想象的复杂现实环境对孩子的成长过程无穷无尽的无序作用,他们在学校里的表现往往与已有评价标准发生不小的冲突,其实任何一个人都有相当强大的适应能力和心理修复能力,但是这需要良好的环境和充分的时间。当他们的生活状态受到冲击或者心理环境恶化,他其实最想在老师面前或班级里得到一个公平、温和、安全的补偿,如果我们老师没有成功与其交流并站在他的位置思考,往往会导致交流阻塞或失败,结果当然可想而知。

做优秀的班主任,必定要及早进行心理研究的探索并积累心理辅导的经验。我们要有足够的耐心和相对理智的思维,我们要看到现实教育环境的复杂困境,更要通过对复杂环境的分析和研究建立科学可靠的教育辅导途径。我们的经验告诉我们:一个优秀的学生背后一定有一个氛围健康的教育环境;一个问题孩子的背后一定有一个更加复杂糟糕的教育背景!我们就是为此而存在的——因为我们被人称为"人类灵魂的工程师"。

二、复杂的心理环境必需精心的心理诱导

一个班级组建后,多样化的家庭背景、成长经历、天赋秉性、气质类型、学习水平、能力倾向等都会成为班主任进行梳理整合的第一份作业。我们此时切不可抱着急于求成的心态去向学生要求成绩。

我们相信越是复杂的班级构成往往越是隐藏着巨大的潜力!不同个性的学生在一起从排斥碰撞到和谐共融的过程能够提供很多协调班级工作或激发班级情绪的机会。所以一般情况下优秀的班主任可以尽早设计一系列的心理辅导科目,如《如何公平看待自己和他人》《与人相处与合作的技巧和好处》《团队的胜利为什么和我们每个人紧密相关》《学习只不过是为了你的生活更美好》《班委管理的艺术和心态》《同盟协作——未来成功者的生存之道》《每个人心中都隐伏着一头雄师》《竞争环境下必须学会竞争》《上帝从不会在明天抛弃今天努力过的人》……以期在适当的时机到来的时候能够借势灌输,那样效果奇佳。

上好班会课是优秀班主任的重要管理手段。科学统筹、精心策划班会课是班主任带班的高端艺术。利用班会课是进行班级心理辅导和艰巨心理问题攻关的最好平台!通过班级天然的舆论氛围和相对稳定和谐的心理环境对全体同学进行信心激励、理想定位、目标设定等方面的心理辅导,往往会收到事半功倍的效果。

我从2006届、2008届、2009届和2010届所带的所有班级都是半路接班的组合班形式,几乎所有这些班级在我接班后都面临从排斥碰撞到和谐共融的过程,我们要追求班级的卓越,最终必须通过班级管理的各项指标(卫生、纪律、德育、学习)来评定,所以,我总有策略地选取我们班级相对优势或者容易迅速产生效果的方面利用一个学月或两个星期的周期进行强化,这样全班在共同设定的一个并不太难的目标下进行集体努力和评比,往往容易形成合作机会和向心力。三四次比较成功的打磨后,往往班级心理和共同的心理水平都会有比较明显的提高或飞跃。这样我们再把主要精力和课题相对科学地拆分在每一个学习单元或学科问题上有针对性地重点解决,那样效果要好得多。比如"作业交不齐问题"、"考试不细心问题"、"自习课小动作问题"、"成绩恐惧症问题"、"作业与自主学习的时间分配问题"等都可以结合每一个学习单元的具体事件精心分析,着重解决,不但学生没有负担,老师也会觉得工作好做,效果很好!

三、精心建设班级文化,强化"学、家、校"协作精神

班级文化的构建是一个"刚柔相济"的大工程,它一方面要注重班级精神层面的构建和优化;另一方面还要注重班级管理规章制度执行硬度,来保证文化建设实效。

幽默和笑声能够缓解班级心理压力感和陌生感,互动和协作能够消除彼此不能自然沟通引起的距离和隔阂。所以在班级文艺活动方面我们不惜代价,尽量做同学们满意的策划和设计,特别是在"元旦"、"中秋节"、"五四青年节"、"教师节""圣诞节"等节日,无论大环境如何,我们都会提前进行筹划和组织,举办丰富多彩的文艺活动,而且尽量要求每个同学都能够充分参与节目,常常一场晚会下来,我们班级的精神风貌可以延续很长时间的激情和喜悦。

我们邀请往届优秀毕业生来班里跟大家进行学习经验交流,面对着往日从自己的母校走出的优秀学子,很多学生都会感慨良多、热血沸腾。比如清华大学的刘涛讲清华学子的勤奋和民族责任感,令人心胸开阔;中南财经政法大学的安然讲求学的艰辛与快乐,让大家感到学习的魅力和伟大;香港城市大学的高致讲大学的钻研和压力,使同学们学会求知和忍耐。这样的交流和互动往往是一场场醍醐灌顶的心灵洗礼和灵魂净化。许多孩子也许一夜之间就能够下定决心发奋努力,不经意间成就未来的栋梁奇才!

在学习氛围方面,我们下大力气进行策划,我在班委配合下做了细致认真的调查工作,然后结合不同学生的特点开展规模较大的思想疏导和理想教育工作,为每一类型的学生进行相对合理的人生定位和学习目标择取。

1. 给大家公布往年高考 211 工程大学录取分数线,并按照 2010 年的考试趋势做了大胆的预测分数线,要求同学们自己给自己尽量相对公允的估测,打消不切实际的思考。2. 鼓励有实力冲击一流大学的同学做好全面准备选好学校,做好有关考试科目的复习准备,不打无准备之仗。

3. 对于成绩长期靠后、学习潜力较弱的同学，及时和家长沟通，联系自己的爱好和特长及早选择特长专业，为自己寻找一条希望之路。事实证明我们2009年高考取得了极其辉煌的成绩，我们参加普通类高考31人，16人进入一本线；我们有16位成绩相对较弱同学选择艺术特长类考试，9人考入一本类大学。可谓大获全胜！在这样一番细致认真的思想攻坚之后，班级呈现了坦然自然和稳健乐观的学习气象，就能为你打造一支无坚不摧的"铁军"打下坚实的基础。

在班级常常处于弱势的平时测验考试后，同学们士气往往会受到影响，我就专门为班级召开"哀兵必胜，愈挫愈勇"的专题班会，比如我曾经将我带的高三（11）班比喻为挺立天地间双腿；我曾经将我带的高三（12）班比喻为打出去的一记重拳；我曾经将我带的高三（13）班比喻为拉开的一张弓。并告诉大家我所带的班级从来都是后来居上的！在此基础上我为班级制作这样的宣言：

为梦想我们赌上青春，
为成功我们洒下血汗。
为理想我们并肩战斗，
为荣誉我们埋头苦干。
痛苦、疲惫、挫折——我们依然跋涉！
拼搏、奋起、战斗——我们决不低头！
寒窗十年谁不想笑傲人生？
铸剑千日看天下谁与争锋？
忍一时搏一回——方显出豪杰本色！
敢超越勇争先——我们是真的英雄！

这些活动和策划总是很现实地激发每个集体成员的班级荣誉感和自

信心，能够非常有效地激发他们决心奋争的勇气和潜力。

班级间形成对抗在一定程度上可以增强班级内部的团结互助精神，我就经常给自己的班级"惹麻烦"，我会让其他班的同学把挑战书大张旗鼓地送到我们班，让大家"很生气"，然后"英勇还击"。比如拔河、篮球挑战赛、足球友谊赛、辩论赛、演讲比赛、征文比赛、朗诵比赛等，都能够在班级之间展开，而且可以依托学生会、团支部或者班委进行策划和组织，不但能够提高大家的组织能力和参与勇气，还可以提升整个班级的集体责任心和团体荣誉感。许多不可知的心理障碍都会在这些活动中灰飞烟灭。

在现有可以利用的教育教学资源中，我很重视开发和利用家长的能动性。在学生和家长之间，长期存在着一种学习交流上的敏感地带，由于直接交流太过生硬，学生和家长很难讨论学习。很多家长也有很大的困惑和烦恼，我在做学生工作过程中，很清晰地注意到家长初衷良好却往往由于方式和心态不当而造成与孩子沟通过程的严重问题。所以我尽量做到定期与学生家长通电话和座谈，尽量利用自己的亲身体会向家长介绍一些相对良好有效的教育方法和沟通方式，并引导家长使用发短信、写信、共同学习等方式增进沟通和了解，督促家长在最关键的时期要尽全力做好学生冲刺复习的后勤保障工作。这样，很大程度上不但改变了班级环境，还同时改良了学生的家庭教育环境，实在是一举两得啊。

四、结语：育人的艺术就是用心的艺术

俗话说"铁打的营盘流水的兵"，学生和我们共同走过的短短三年是我们教育生涯中的一个片段，但是却有可能从根本上改变他们的一生，那是因为我们都是站在人类心理或灵魂塑造的角度尽心地做着我们的艺术人生！

每一次毕业晚会落幕时，学生、我们还有家长热泪滚滚哭成一片；每一次送别学生离开校园，亲热的道别、真诚的感谢和温馨的祝福长久回响在耳畔……一股股感动的激流涌上心头；一串串热泪洒落胸前；那一声声甜蜜响亮的呼唤，那一张张稚气纯真的笑脸，那一年年奔波操劳的岁月，那一幕幕胜利欢呼的场面……悲喜哀愁走过，酸甜苦辣尝遍——多少年，多少年，多少年后我们依然会幸福地欣慰地对自己说：我们曾经用生命呵护过生命，用热情点燃过热情，用爱心呼唤起爱心，用灵魂感动过灵魂。我们虽然步履蹒跚、呕心沥血地穿行过短暂的生命，但我们呵护过的生命已经茁壮参天；我们点燃的热情已经火红一片；我们唤起的爱心已经汇成江河；我们感动过的灵魂已经可以回报人间！那时会更加深刻地理解我们的工作的真谛：辛苦而不空洞，平凡而不卑微，虽然枯燥单调，虽然琐碎嘈杂，但它更接近光荣，更接近伟大，更接近太阳的温度和颜色！

心理学常识在教学管理工作中的运用

张 胜

心理学常识是班主任工作的根本基础,如果不懂得一定的心理学知识,无论工作热情多高,责任心多强,恐怕都难以把一个班级的学生带领好,反而极有可能因为热情高责任心强与班级中所谓的后进学生产生种种冲突,激化矛盾。根据近几年的带班体会,反思自身的管理经历,在与学生不断的交往过程中深感掌握运用以下心理学常识极有必要。

一、爱心与耐心

所谓爱心,简单地说是指同情怜悯的心态(有时还包括相应的一定行动)。这种心态,可以说是人之本能,所有心智健全的人都有爱心,正所谓:恻隐之心人皆有之。但奇怪的是,我们每个人都觉得感受到的爱心太少,有爱心的人太少。特别是我们作为教师,怎样让自己的学生感受到你的真挚的爱心呢?我以为,影响我们爱心传递的最大障碍是耐心。

耐心,就是不急于追求结果,能够控制自己的情绪。没有耐心,首先根源于我们对孩子表现上一心急着想看到自己想要的结果,因而忽视了孩子达到理想结果的过程,从而从事实上形成了一种不尊重、不信任、不客观的对待。

教师的职业首先讲的是良心、爱心，我们平时也总把要拥有爱心看做教师的师德根本，但我却以为人们渴望爱与付出爱一样都是人的天性本能，只要健康家庭中成长起来的人，他那与生俱来的爱都不会轻易消失。但为什么我们在管理过程中总是会出现一些言语行为上的过激表现，显得对人苛刻冷酷，没有爱心，特别是对待未成年的孩子、与自己朝夕相处的学生？我以为一个重要的原因就是我们没有耐心，急于求成，因为无法控制自己的个人情绪而完全忽视了孩子成长转变所需的时间与条件以及过程，于是便有了冠冕的借口："爱之切，骂之痛""爱之深，打之狠"，"打你骂你批评你，都是因为太爱你""只想对你尽责任，别怪我对你太心狠"等等。好在《教师法》中明文规定教师不准体罚学生，但家长体罚孩子的现象却是家常便饭。冠冕的借口，为暴行进行爱的辩护，从某种程度上来说，我们不能称此为虚伪，只是没有耐心做支撑的爱心，在自己强烈的施爱过程中，已经转化成为一把利剑、一剂毒药，会深深地伤及孩子的心灵，久而久之，失去了对施爱者的信任，得来的结果只能是消极的对抗。所以，从这个意义上讲，有耐心才是有爱心。

有耐心是一种修养，是一个人心理成熟的标志。有耐心才有大爱，才会有真爱，有耐心的爱才是符合孩子心理成长特点的爱。你的耐心就是对孩子的信任，就是孩子的信心。所以，没有耐心，莫谈爱心。

二、无知与偏见

无知不是一种心态，无知是一种状态，学习的任务就是让学生从无知到有知，从知少到知多，从知浅到知深，从而丰盈大脑、敏捷才思、成长心智、增长才干。但在人的成长过程中，却总是有偏见相随。

偏见是指根据一定表象或虚假的信息相互做出判断，从而出现判断失误或判断本身与判断对象的真实情况不相符合的一种心理现象。偏见的核心是用一成不变、以偏概全的标准对人、事、物进行评价后产生的一种态度。偏见有时还能形成一种人格障碍。偏见往往源于无知、误解、自以为是、兴趣偏好，有时还源于经验、经历、第一感受，因知少知浅而知偏，从而以偏概全。老师对一个孩子有了偏见，认为这就是个差生，品行差等等，这就基本上使这个孩子再没有了进步的可能，因为他已被老师不健康的情绪所覆盖，这种不健康的偏见心理，从而将一个学生的健全人格发展扼杀在校园中。同样，孩子因为心智的不成熟、认识不全面，在学习的过程中更容易产生偏见。一个学生对班主任产生了偏见，认为你偏心、有私心、不公正，感觉你虚伪、不真诚等等，不管你付出多大的努力，都往往会事与愿违。一个学生对某一科老师产生了偏见，就基本上在这一学科上失去了学习的动力和兴趣。一个学生对某一项知识产生了偏见，如这一项知识太简单，没意思；这一项知识不实用，没价值；这一项知识考试不会考，学了也白学等等，这就基本宣判了这项知识的死刑。学生于是会过早地偏科瘸腿，单向发展，这对孩子整个学业、心智健全等都危害极大。

无知通过学习可以转化为有知，而偏见必然导致无知，偏见如一堵厚重的大墙，严重阻碍着你进一步的学习发展，所以，偏见会让无知更加无知。这就是偏见的可怕，它往往意味着对事物的直接排斥！

那么如何化解偏见呢？

钥匙只有一把：平等的交流、及时的沟通。只有做到沟通交流，才会最大限度地杜绝偏见、化解偏见。因为偏见往往源于无知、误解、第一感知、认知不全、了解不透等等，而沟通交流是增进了解、解除误会、增长见识的最好途径。我们常喊"理解万岁"，从某种程度上说就是对受人偏见后的无奈呐喊、消除偏见后的欢欣喜悦，而要达到互相理解，怕只有交流这唯一捷径了。所以，这里我要说的是：理解不是万岁，交流才是万岁，一切不理解都是因于交流不够。

交流的时候必须注意平等的交流。既然是交流，就不是训话，更不是自己唱独角戏，交流首先是要创设一个让对方说话的氛围，然后就是认真的倾听,最后才是自己的观点。做不到这些,任何交流都难以真正说到孩子心里,反而更增误解与偏见。

三、兴趣与责任

心理学表明,兴趣是一种带有感情色彩的认知倾向,它以认识和探索某种事物的需要为基础,是推动人们探求真理的一种重要动机,是一个人学习中最活跃的因素。兴趣的培养与孩子自身的成长环境、教师教学、个人认知等密切相关。兴趣是最好的老师。当孩子对某一人某一学科某一知识产生感情倾向即兴趣时,学习便会极为主动、自觉,效率也会大大提高。但是,毕竟孩子成长环境、教师教学、孩子个人的认知不是完美的,甚至有时是有缺陷的,已经造成了孩子对某一学科某一老师不感兴趣,甚至厌烦等消极情绪,那又该如何呢?作为一线老师,恐怕也都常遇到这样的事情:

老师问:作业为什么总是完不成?你为什么老是改正不了错误?
学生答:我对它没有兴趣,从小就没有兴趣。
老师问:没兴趣你怎么就不培养兴趣?兴趣是可以培养的呀。
学生答:没有兴趣怎么培养兴趣?兴趣又不是说有就有的。

这里很明显,老师犯了个致命的错误,一是兴趣的培养根本不是靠学生自身能解决了的,很大程度上是老师如何给孩子创设适合孩子心理特征的学习环境学习对象,然后在一定方法的循序引导下,才有可能激发起学生的兴趣,兴趣激发起来,还需要长期的耐心的呵护与培养。二是老师应该意识到学生没有兴趣不应是不学习的理由,因为学习是每个学生的职责,只有天才才会对所学的所有内容都感兴趣,我们大部分人对自己所从事的某一工作、所学的某一课程,并不是都感兴趣,人们的兴趣也不可能都这样的全面,但是我们还是应该认真地对待我们所从事的工作所学习的课程，因为这是我们的责任，是我们的使命。

兴趣从某种程度上来说是一种感性的心理，而责任则是一种理性的成熟的心理。随着年龄的增长，高中生关于学习的责任意识应该相应增强。学习是人的本能，更是人发展的责任与使命，任何人都不能以任何理由拒绝认真学习。那种没有兴趣就不想学习的观点应当纠正，"兴趣是记忆的前提"，这是观念枷锁。对学习的责任心才是学习高效的前提。

四、问疑与面子

问疑就是指学生在不懂时主动问老师问题，问疑是一种交流，以自己的不知不懂展示给比自己知比自己懂的人，从而得到指点指教，进而提升自我。

作为一名高中生，在学习的过程中没有问题，从不问老师问题，可以说是不可能在高中学习过程中有所进步的，这是由高中学科难度与特点决定的。然而现实中，就是有相当一部分学生从不主动问问题，有的好像天天学习就没有问题，课一听就懂，书一看就会，题一做就错，分总是很低。这是典型的为学而学，不思考，无疑问，不深入的表现，只学知识概念，不学思维逻辑，只记名词术语，不懂迁移运用，即我们平常说的"学习不入路"。更多的学生，却是有问题而不问问题，问：为何不问？答：不习惯问，或答：不敢问。猛一听让人哑然，仔细观察，这样的学生可真不在少数。

如果你直接给这类学生界定为因为爱面子，所以才不问，他们一下子还不会接受。

他们的不问，自然有习惯的因素，但何以不问疑会形成一种习惯呢？

爱面子是他们不问的心理根源，他们最怕一张嘴，就被老师看透没有认真听讲、没有认真练习，这里的爱面子是一种心虚的掩饰，是一种面对错误的回避。所有的人，都有掩饰心虚、回避错误的心理，更何况是刚刚自我意识凸显的学生。

许多孩子都有一种完美表现自我的心理，特别是在老师面前，最不想让老师看出自己的不足、自己的学习缺陷，但这恰恰又会大大增加自己学习上的不足与缺陷。于是形成一种恶性循环，越来越不会去问问题，特别是学生鼓起勇气向老师问问题时，老师随口一句："怎么这样的问题都不会呀，你上课怎么听的？"对于一个性格稍微内向的学生来说，老师这不经意的一句话，可能将永远地堵住了这个学生求知问疑的口，一个学生的信心就这样轻易地被打落了。因为老师直接伤害的是他的面子。面子是什么，面子就是自尊心，面子就是信心。

特别是高中生，孩子的自我意识正越来越强，也就是爱面子的心理越来越重，他们维护粉饰还来不及，怎么可能去接受老师的不讲面子式的斥问呢？所以老师一定要学会给足学生面子，因为那是孩子的尊严，是孩子的脸面。

但是，因为种种原因，有许多学生在学习的过程中已经犯了"爱面子"的毛病又当如何呢？

爱面子，就是指过分顾及自己的体面，生怕被人看不起，说话、办事过于考虑情面而自讨苦吃。但是学生就是要自讨苦吃——学习无进步，知识一知半解——也不问你问题。这就大大影响了学生的学习质量。

教师呵护学生的面子心理这当然是非常重要的，但学生也要注意爱面子对自己学习的影响有时是致命的。

怕老师一眼看穿了自己的知识掌握情况，因为心虚而不敢与老师交流，一张面子，阻隔了自己与知识的深度交流，这是得不偿失的。莎士比亚说过：向别人展示自己的不足，是一种勇敢。

五、虚心与骄傲

这个话题早已是个老话题了，我们也常对学生这样训导：虚心使人进步，骄傲使人落后，你学习要虚心些，不要骄傲。但为什么虚心那么困难，骄傲那么容易呢？为什么一遍遍的告诫，人们还是不能以之为戒呢？

因为骄傲是人的本性，你不见一两岁的小娃娃在自己做了一件自己认为的成功事情后那骄傲的神情？但你见过他们虚心的样子吗？

所以，骄傲是人的本性，而虚心则是一种修养，是后天自我发展中自己对自己不断调节的结果，或者说虚心是自我修炼而来。虚心更是一种能力，他不是你想虚就能虚下来的，有许多人也想虚心，可一得意就忘形，忘形则失态。

鉴于此认识，我们无需再对学生进行冠冕的训话，而应是给以实际的指导，人有危机感时就会虚心，人有不足感时不会骄傲，虚心是一种不断进行自我完善的力量。

六、追求完美与自我怀疑

西方心理学家指出，过度追求完美是一种病态心理，不利于身心健康。他们建议，完美主义者要降低标准，阳光地展示自己的不足。我们与学生交流的过程中，也发现不少学生具有追求完美的心理，人们想在一些事情上表现完美，这无可厚非。但是我们不少学生在平时学习过程中不容许自己有失误，考试一定要考高分，表现一定要让人看起来优秀。特别是一些自尊心强的女生，她们从不违纪，从不与人发生冲突，她们学习勤奋，坚信只要付出就有收获，她们尽可能地事事让老师满意放心，她们当然也不是简单地为了给老师看，而是她们从小的家教就告诉她们要做一个严谨认真一丝不苟的人。但在学习的过程中她们有时成绩并不会很理想，特别是在考场上，常出现那种对一个答案举棋不定，犹豫不决，反复更改的现象，最后是越改越错，这种不想让自己出失误的心理使自己不断地怀疑着自己的初步判断，以致自我怀疑，造成许多次对本已会的本已记住的东西进行怀疑，最终使成绩极不理想。

绝对的完美根本就不存在，但又不想让别人看到自己不完美，唯一的办法就对外人掩饰，对自己怀疑甚至否定。这样的孩子有时很矛盾很痛苦。

  有些学生在追求自己表现完美的过程中，常常伴随着一系列的自我怀疑自我否定出现，在不断的自我怀疑中选择那个能让自己展示最美的一项，但结果却往往事与愿违。其实在自我完美的追求过程中，能大胆地暴露自己的不足，阳光地展示自己的缺陷，更好地认清自我，经过自己的努力去解决它，这才是实现自我完美的最佳方案，其实这本身就是一种人格上的完美。完美不是没有缺陷，而是能阳光地对待缺陷，很多孩子意识不到这样的一个问题。

  关于教学管理中值得深思的心理学现象还有很多，这里仅举出个别体会较深的心理现象略作探究，以供交流。

把女生捧在手心　男生拴在腰上

姜红敏

俗话说"家和万事兴"。作为一个班级,男男女女几十人,就像一个复杂的大家庭,那么,班主任该如何让这个大家庭先"和"后"兴"呢?

带班将近十年,我一直秉承一个观点:把女生捧在手心,男生拴在腰上。这个观点屡试屡胜,百用百中,可以说,这也算是我带班的看家本领了。

有专家说,一个好女孩可以带好十个男孩,相反,一个坏女孩也可以带坏十个男孩。我不敢说这位专家的话百分之百正确,但我不得不承认女孩在某些方面确实有此"魔力"。所以,我在带班时一贯秉持"重女轻男"的思想。这里的所谓"重",并非放纵、溺爱、姑息、迁就,而是看重、倚重、尊重、关心、关注、关爱;所谓的"轻"也并非轻视、践踏、打击、谩骂,而是用平常、平和的心态告诉男孩要有绅士风度,要能担当、包容,有责任感,要懂得吃苦在前,享受在后。

每逢我带领一个新班级时,我第一件事就是下死命令:任何男生不得谩骂、讽刺、打击女生,更不能在女生面前粗言秽语;任何男生不得将暴力（包括语言暴力和肢体暴力）施于女生；班里的重活、脏活等体力活一切由男生包办。命令一颁布，女生兴奋得"耶、耶"大叫，男生则小声地故作不服状。

这样一来，所有女生都被我捧在了手心里，均成了我的"心腹"。男生呢，是不是就成了我的敌对势力了呢？不会，因为我手中有了王牌军，男生难以挑起事端，最后都会乖乖地"臣服"。

我想说的是，把女生捧在手心，融入的是爱，是真情。我还想说的是，培养女生的过程中，千万不要有利用之心，只要引导得法，一切都会变得水到渠成、顺理成章。

费尽心力把女生培养好了，是不是就完全指望女生来带领男生向前跑呢？以我的经验，羊儿放得太散，牧羊人不易管理。所以，我要把男生拴在腰上。那么，如何拴呢？

一、用规章制度约束男孩的不良行为

只要不是恶搞的犯错，一般的规章制度就能把孩子"震住"。男孩一般不如女孩感性。所以，男生犯错，不必像对待女生那样轻言细语、推心置腹，而是言简意赅地说完道理，然后一切按规则办事。干脆利落、言出必行、执法如山，往往会让他们心服口服。当然，如果是遇到恶搞的男孩，就只有"不按套路出牌了"。

二、用责任感去引导男孩要做一个敢担当的阳刚男人

一个没有责任感的男孩，也就没有担当的勇气，更不要说阳刚之气了。他们犯错会抵赖，往往外强中干，甚至毫无责任感。我的训练方法就是让男生做事。比如，轮到打扫最脏最臭的公厕，一定是男生做；遇到班里要搬桌凳，一定是男生做……总之，凡是体力活，全部是男生做。

三、用侠义精神去激发男孩的保护欲望

我做学生时，特别喜欢读金庸和古龙的小说，所以我很喜欢那种仗义走江湖的侠客！我甚至渴望自己有一个浑身是胆，一身侠义的兄长来

保护自己。当我做了老师时,我非常重视培养男孩的侠义精神。我告诉他们"路见不平,拔刀相助"。这并不是鼓动他们去打架,我是希望我班上的男孩养成一种侠义精神。因为只有具备这种精神的男孩,才会把自己当成"护花使者"去保护女孩子,今后也才会为人民的利益奔走呼号。所以,我的班级,一旦女生惹了男生,男生一般都是满不在乎地说:"好男不与女斗!"要是外班的男生欺负了我班的女生,那是绝对不行的,我班男生非找他论理不可,论完理,他们还撂一句:"我们班的女生是神!谁都不准欺负!"

四、用手足之情去引导孩子,把班级变成一个家

现在的孩子私下喜欢结拜兄弟姐妹。我索性顺应潮流,"大张旗鼓"地告诉他们:"每个同学都是我们的手足,都是我们的兄弟姐妹,想怎么结拜就怎么结拜,但不准拉小圈子。"与其让孩子们与外班的同学结拜,或者是与社会上的小混混结拜,还不如让他们在自己班级里寻找志同道合、意气相投的同学结拜。孩子们之间彼此称兄道弟,或者是呼姐唤妹,有何不好呢?当孩子们之间有了手足之情,他们会不爱自己的同学吗?不爱自己的班级吗?一个团结、互助、和谐的集体,就是一个温暖的家!有几个人不爱自己的家呢?

我把女生捧在手心,与她们成了心灵距离最近的人,而她们帮我把男生管理得服服帖帖;男生呢,被我拴在腰上,时不时拉他们一下,他们既自由又守规矩,帮我把女生保护得妥妥当当。我呢?每天都挂着一张灿烂的笑脸,幸福地看着孩子们健康快乐地成长。

教师"威严"谈
——学生管理的一点思考

赵梅香

区里搞观摩课活动，我有机会参加，甚是高兴。听课之余，我身边的教师都在小声评价授课教师，不是关注教学目标是否紧扣课程标准，不是关注教学设计是否符合课改理念，不是关注学生的学习是否积极有效，他们更多的是赞叹授课教师课堂上很有"威严"，学生配合得"天衣无缝"！

平时给自己定了一个规矩，不让自己有威严，要与学生平等对话和谐相处。对于课堂上教师的"强势"，对于教师的"说一不二"，对于教师面前学生表现甚是拘谨的状态略有不同的看法。所以，作为一线教师的我很想深入了解"威严"的具体意思，是褒义还是贬义？

什么叫威严，教师该不该培养自己的威严？

在词典里"威严"一词意思有三：①严厉；严肃：威严的目光；神态威严；"父母威严而有慈，则子女畏慎而生孝矣"。②权势：威严不足以易于位，重利不足以变其心。③尊严：显示自己的威严、维护师道的威严。

自己对"威严"的理解自始至终是从教师的角度去看：教师应有严厉严肃的一面，当学生做得不好的时候，我们可以给他们讲道理，指出他们做得不对的地方，指导他们应该如何做，而不是严厉的斥责和当众的讽刺挖苦，让学生无地自容，以伤害他们的自尊心来让自己变得"严厉"和"严肃"。为人师表更多的应是和风细雨、润物无声，同样的道理为什么必须是"暴风骤雨"？权势给人的感觉就是高高在上，以"师"为本，唯"师"是从，让自己在学生面前拥有绝对的话语权。这样，老师的威严俨然成为了学生心里的墙，学生仰望老师的时候会产生的一种难以逾越的高度。难道在"以生为本"和"以学生的发展为本"的今天，这是我们所需要的吗？我们应该摒弃这种行为。何谓"尊严"，尊严就是权利被尊重。这里教师的权利应是"教书育人"，书教得好，人育得好，学生就会尊重你。尊严不是惩罚出来的，惩罚出来的结果，恐怕是"怕"而非"尊严"吧！把惩罚得来的惧怕看成是树立了威严，这是教育者的悲哀，也是教育者的失败。

在当"年轻"教师时，都有同事介绍、评价哪个教师很有威严，只要一提起这个教师，学生都"魂飞胆丧"；老师在教室外（更不用说在讲台上）一站，教室内顿时就鸦雀无声；该班里的学生很少犯错误，更没有学生会去逃课；学生站在老师面前，往往会变得"反应迟钝"，例如背诵很熟的课文也会断断续续，磕磕巴巴，做题也没思路；与教师开玩笑更是往"枪口"上撞。所以，学生、同事眼中的"威严"就是老师很厉害。所以他们在学生心目中是很有"威严"的教师，也是说一不二的老师。

看观摩课上授课教师在一堂课上呈现出的自己的威严：课前坐到位置上的学生都整齐划一地右侧趴在课桌上；老师上课不苟言笑，严肃有加；学生学习活动一段时间，老师的评价不是"对"就是"不对"，鼓励的话更是"凤毛麟角"；老师说"一个字"，马上学生齐声曰"停"，老师教学活动结束，老师说"两个字"，马上学生曰"下课"，一副配合默契的表现；对勇于反思自己理解有问题的学生小组，老师评价只是强调了错误，鼓励的话没一句……

  学生作为一个活生生的人，尤其是小学生，他们的年龄决定对什么都感兴趣，不论对与错，因为他们的是非观念正在培养，所以不可能整齐划一。坐在一个新的环境，谁不想看看教室后面都是些什么样的"稀奇人物"？在那么"威严"的环境下，学生又怎么敢去发表自己"独特"的见解？学习活动又怎么能落实到位？老师培养的学生多囿于思维定式，不敢创新，害怕失败，害怕教师的"威严"。

  喜欢让学生在一个"宽松"的环境里畅所欲言，让他们拥有自己的话语权，自由地交流自己的心得、见解；喜欢让学生像对待朋友一样对待自己，共同成长，因此才有了这种思考。

  我认为，老师的威严不是靠愤怒、不是靠恐吓、不是靠天长日久的威慑得来的。老师的威严更不是武力，而是一种人性的光辉，那种光辉才会真正把学生的心照亮。

劝老师莫生气

孙留庆

闲暇时读书，读了两个小故事，心中豁然开朗：

第一个故事说的是一位父亲教他五岁的儿子使用剪草机。父子俩正剪得高兴，电话响了，父亲进屋去接电话。

五岁的孩子把剪草机推上了他爸爸最心爱的郁金香花圃，可怜的幼苗应声而断。孩子的父亲出来一看，脸都气青了，眼看他的拳头高高举起，这时候，他的太太出来，看见满目狼藉的花园，顿时明白了是怎么回事。她温柔地对丈夫说："亲爱的，我们现在最大的幸福是抚养孩子，而不是在养郁金香。"三秒钟后，做父亲的不再生气，一切归于平静。

第二个故事是这样的：有位禅师非常喜爱兰花，在平日弘法讲经之余，花费了许多时间种植兰花。有一天，他要外出云游一段时间，临行前交代弟子：要好好照顾兰花。禅师走后，弟子们细心护理着兰花，但有一天，在浇水时还是不小心将兰花架碰倒了，兰花盆也跌碎了。弟子们非常恐慌，打算等师父回来后，向师父赔罪领罚。

禅师回来了，闻知此事，便召集弟子们到一起。他没有责怪诸弟子，他说："我种兰花，一是用来供佛，二是为了美化寺里环境；我不是为了生气而种兰花的。"

故事中的母亲和禅师都是懂得生活智慧的人，因为他们知道，种花、养花是为了让生活变得更美更好的方式，而不是生活本身，更不是生活的目的。而人们不快乐，有烦恼，常常是因为做事太过计较得失，忽略了自己的本来目的。

看到这两个故事，我就不由得想起了我们—老师或班主任—遇到学生犯错误时的一些做法。

老师或班主任一旦遇到学生犯错误，动辄火冒三丈，气得七窍生烟，摆出恨不能生吞了他们的架势。其实，平心静气地看，就会发现这根本解决不了问题。

讲得不客气些，生气是很无能的表现。生气解决不了任何问题，只能将事情弄糟。

人无完人，是活人难免有犯错的地方，犯错并不要紧，尤其是正在成长的孩子，犯错是常有的事，更重要的是做班主任的如何处理学生犯错误。

将家长叫来，张大嘴巴大吼一顿，横眉竖眼宣泄自己的不满，这样固然可以让学生被唬一下，但问题仍在，他们还是不知道如何解决问题，只能在学生心中留下老师有失风度的印象罢了。

很多人，包括我在内，很率直，没有城府，不会高兴不笑，伤心不哭。但教育工作确实需要正确解决学生犯错误的理论，否则的话，事情会很麻烦，说得严重点真的会误人子弟，那可是一代人！

到底怎么做呢？我这里谈一点粗浅看法，我觉得可以分三步：

第一步，停止这个错误，这次不究，没有下次；这一步会让他放下这个错误，向前看，轻松起来，它拉近班主任与学生之间的距离。

第二步，现阶段应该怎么做，做到哪几点？这一步会让他明确目前的任务，他的行动就有了正确的指导。这可以让班主任变成学生的伙伴。

第三步，近期和长远的目标。这一步让他看到希望，有了前进的动力。这可以让他对你这个班主任产生信赖感，他会觉得你为他着想了。

平日里生气时，我们都该问问自己：我是为了生气才种花的吗？我是为了烦恼才教学的吗？我是为了不快乐才教学的吗？我是为了苦恼才教学的吗？如此这般，我们在工作中就不会生那么多无谓的气了。

生活的智慧就在于，无论发生了什么，你都能明白自己最想要的、最该珍惜的是什么——是一盆花、一个花园，还是一种快乐、一份情感？如此，你就能抓住生命里最重要的东西，而不会为了生活的细枝末节无谓痛苦，你的人生也才会轻松开朗，快乐富足。

育人支招

Zuo
幸福
De Lao Shi

致学生的一封信

丰 珂

亲爱的孩子们：

每当有话想说，便会提笔成书。

我应该是个幸运的人，因为我在有限的生命里可以认识你们，并可以与你们在并肩作战中结下深厚的情谊，这将是我一生的财富。

眼里看着你们，心里总是在想，我们的童年大概是不一样的吧。

在我的童年里，有和十几个小伙伴骑着单车与公路上的拖拉机飙车的拉风事；有和一群小男孩踩着炭垛蹿到一溜停车小平房的房顶上然后往下跳的壮举；有骑着大狗满家属院跑的淘气；有吹一声口哨就让自己的小云雀飞落在肩膀上的自豪；还有被我画成花猫脸的洋娃娃和被我翻得几近肢解的彩色图书《西游记》《葫芦娃》……

然而，你们的童年似乎比我的多了几个辅导班，多了几分孤独感，多了好多虚拟空间，多了几分隐隐哀叹……少了的是那份无忧无虑的傻里傻气。

不知是该同情还是该羡慕。

小时候的许多个夏夜，我总会和小伙伴们坐在家属院门口那个国民商店铁门外的凉席上，数着天上闪烁着的知名的和不知名的星座，时不时顺手逮住迎面飞扑而来的螳螂和蛐蛐，或是擦燃火柴烧灼急速爬向我们脚心的蝼蛄的屁股。然后，我们便托着腮帮儿煞有介事地谈起我们的偶像和我们各自的梦想，时而争得面红耳赤，时而又乐得前仰后合，但眼睛却熠熠生辉，心中却豪情万丈……

然而，你们的童年似乎比我们的少了些许激情，少了些许酣畅，少了些许推心置腹，少了些许坚定的理想……多了的是信仰缺失的迷茫和不愿坚持的放弃。

不知是该同情还是该羡慕。

但是，我们又都一样，因为我们都义无反顾地长大了，现在的我站在你面前一如现在的你站在我面前，我们都冲破了童年温暖的茧。

你告诉我，你呆呆地坐在电脑屏幕前想不起来自己究竟是该写作业还是该去吃饭；你告诉我，你痴痴地想着总是对你微笑的他有一天抛弃了你，自己会不会立刻疯掉；你告诉我，你傻傻地认为生活真是无聊，学习真是无用，无法在沉默中爆发，只好在沉默中等死……

人，走不出情感的抑或是现实的沙漠，不是因为恶劣的环境，而是因为恶劣的心境。正所谓境由心生，所有那些你所害怕的结果都是你一厢情愿的假想罢了。其实，我们只要好好地享受过程就好，走好每一步，充实每一天，在结果出来前问问自己后悔吗，只要你的心回答不后悔就坚定地走向目的地吧。

亲爱的孩子们，你们长大了，已经破茧成蝶了。你们真的真的可以飞起来了，只是还没有得到自己内心的认可罢了。

生活是有趣的，生命是有限的，我们应该用有限的生命去品味有趣的生活。学习当在生活中，生活中的每一天我们都在用各种各样的方式学习着。不要以为离开学习才叫享受生活，离开生活才能好好学习，其实你完全可以享受学习着的生活。

我总爱把考试看成是运动场上的比赛。刘翔，在比赛中辉煌过也惨淡过，可如今，我们民族的这簇骄傲的火焰又重燃在了赛场上。

　　我是你们的班主任，但我更愿意成为你们的生命中可以推心置腹的好友。那天，有人问我：你们班门口那几句话是你自己写的吗？我说当然了！"坐看云起，行到源头，芳菲溢目，暗香盈袖，三年师生，一世挚友，幸甚至哉，回忆永留。"除非失忆，否则我会一生铭记。

　　我想，我不是百科全书，当不了圣人；我也有七情六欲，当不了仙人；我还是缺点横生，当不了完人……可是，我却是那样投入地以我所特有的方式爱着你们，所以，我可以当一个好人。

　　坦率地讲，我一直相信有奇迹，因为我见证过一个又一个小小奇迹的发生。而如今，我心中的奇迹就是你们！如果我可以，我想引领你迈进知识的殿堂；如果我可以，我想给你一片鼓励的海洋；如果你愿意，我想在你心中播下一颗希望；如果你愿意，我想和你一起变得坚强……

　　等你们像离巢的小鸟一样飞走了，我还会选择留下来，不是为了不离开，而是等待你们带着喜悦和收获再回来！

一个永远爱你们的人
2009 年 10 月 25 日

用爱心感动学生

鲍东峰

教育是门艺术，我认为掌握这门艺术并不在教龄的长短，与各位相比，我多的只是教龄，而对这艺术我只是个叩门者，倒是这二十多年来品尝了一些教育的苦乐酸甜，我感谢大家给我这个诉说的机会，为了使说话不至于漫无目的还是确定一个话题吧：让美丽的人生从感动中走来。

老师们聚在一起常感叹：现在的学生不好教，打不得，骂不得，批不得不用说，还冷漠挑剔。上届我班有一位性情孤傲、同学关系紧张，认为所有老师都不够优秀的女生。我想，以诚心与人便没有攻不破的堡垒，更何况以之待一个未成年的孩子呢？相信自己会用真诚赢得她的信赖，于是时不时就找她谈心。但没料到她在班里向同学扬言："哼，他没什么可怕的，欺软怕硬，根本不敢把我怎么样！"还有一个男生不但学习习惯不好，迟到、上课说话，更是屡教不改。一次我请来家长交流情况，最后我让他当着家长的面对今后的行为表个态，他说："以后好好做。"我又追问了一句，他却说："我敢不好好做吗？我怕你报复我。"自己的诚心付出得到的却是学生冷漠的拒绝，着实很痛心。我思考，学生的冷漠从家庭的角度来看，父母对子女的有求必应，过多的安全教育，让孩子不能正常地与人相处,甚至怀疑一切;从社会环境来看,社会上对个性的张扬使得稚嫩的心把标新立异与叛逆当成了个性来追求,这就难免使教学在一部分学生中成为了老师的一厢情愿。然而,我认为冷漠是一种人性的缺失,是学业、事业路上的绊脚石。身为教师,育人为本,我们有责任让学生走出冷漠,在阳光下绽放花朵。

著名教育家陶行知说,教育是要创造出让自己感动的人。遵循这一理念,我尝试了一些做法,收获还是颇丰的。

首先,给学生创造一个温暖的环境。

冷漠也是缺乏对生活的感动,这并非是身边缺少感动的人和事,只是常常视而不见。为了让学生感受到班级的温暖,我曾给学生布置了一份作业:每人用一周时间去发现身边同学的优点或发生在同学间感人的事;然后我开了一次"可爱的同学"的主题班会,让同学在班会上交流,发现在第一位同学羞涩的讲述后,发言的同学此起彼伏,一个个可爱动人的形象被描绘了出来,再看那发言的、听讲的一个个展开了笑脸。之后的周记本上就有了"名人某某"、"淘气大王"、"同桌的她",更有了"可爱的校园我的家"等生动鲜活、精彩纷呈的文章。不仅如此,同学间互帮互助的场景也时时感动着我。同学间能互帮互助,互关互爱是形成良好班风的一个重要因素。

良好的班风除了同学间互帮互助,还应亲师信道,班主任要搭建学生与任课老师相互了解的桥梁。为了让学生更多的了解自己的老师,使任课老师不会因与学生课下交流少而给学生的印象只限于课堂上讲授知识时蹙额锁眉的那一面,我又开了一次"我们的老师"的主题班会。在学生谈了自己眼中的老师后,我把不为学生所知的各位老师的为人做了补充介绍。例如,社会老师的勤奋好学,不苟言笑;数学老师文理兼通,办公室里常常妙语连珠,睿智非凡等等。我从学生脸上读到了"感动"和"敬仰",下课铃声响了,同学们依然要求我再讲些老师们的佳话。这使我感到只有学生觉得老师可爱可敬,我们的教育才不会是赶鸭子上架。

身边有可爱的同学,有可亲的师长,怎能不使学生对生活热爱呢?一个热爱生活的人必定会拥有一个美丽的人生。

再者,用诚心对待每一位学生。

生活的美丽不是用几句话或一堂课就能催生出来的,老师往讲台上一站,在学生中间一走都具有指示性,你到底是不是可亲,时间会证明一切。《庄子》有言:"真者,精诚所至也。不精不诚,不能动人。故强哭者虽悲不哀,强怒者虽严不威,强亲者虽笑不和。"要创造让自己感动的人,首先老师自身就不该是一个冷漠的人,对待每一位学生都该拿出百分之百的诚心。

一次课上,一位学生不停地在滚脚下的球,我边讲课边用眼神制止他的行为,但毫无效果。我觉得他漠视了我的存在,于是让学生自己看书时,我就走到他面前,发现他连语文课本都没带,我厉声道:"没带书就不知道跟同桌合看吗?"他说:"我不知道是语文课。"这叫什么话,我冷问道:"哦!你要知道是语文课就会带书啦?"他的回答出乎我的意料,说:"我要知道是语文课就不来了!"当时气愤的我以为这孩子无可救药,也觉得自己颜面扫地,便向主任诉说了一切。过后我又思考:你想教育学生就别给学生来阴的,否则你收获的只有伤心。

当我们"无视"自己的尊严,而努力追求高尚的品德、出色的教育、真诚的感情,并随时注意维护、尊重学生的尊严时,学生会把他们全部的爱心和敬意奉献给我们。这样,我们便把自己尊严的丰碑建在了学生的心中!前面我提到的那个女生小玲,虽然她在班里的扬言传到了我耳朵里,但我一直装不知道,从未改变对她的关心爱护,我的真诚终于收获了感动:期末考试前她亲自交给我一封信,信上说:"您教我的两年,教给我的不仅是知识,更多的是做人的本分——真诚,请相信我不会让您失望的。"教育是心心相印的活动,唯独从心里发出来的,才能打到心的深处。没有教不好的学生，要的只是时间和耐心。

第三，不漠视学生的细微举动。

我们与学生相处的时间只有两年，而这两年对于一个孩子的成长又是至关重要的，懂得感动是成长过程中重要的情感态度。让人感动并不需要什么惊心动魄的大事，美丽人生是由无数个感人细节构成的。我们老师应善于捕捉住学生细微的情感表现，孩子的成长更多的是需要感性的呵护，而不是理性的说教。

自从有了电话电脑，我几乎遗忘了写信收信的那份快乐了，但那一年元旦我却得到了一份久违的欣喜，学生路路给我寄来了一封信。信还没展开就有两行娟秀的字映入眼帘："每当我接到好友来信，我都欣喜不已，我想您也有过同感，所以近在咫尺，我要让您再度欣喜，就算学生给您的新年贺礼吧。"我如获至宝，迫不及待地展开信品读，信的结尾写道："我也许不是您最喜爱的学生，但您却是我最敬爱的老师。"我不能缄默这份感动，元旦联欢会给予了我这个表达的机会。主持人宣布："最后一个节目是传蜡烛表心声，蜡烛传到谁的手上谁就说一句此时最想说的话。"最后蜡烛传到我的手上，我说："同学们，和你们在一起我倍感充实和快乐，是你们让我觉得没有比老师这个职业更叫我心动的了，是你们诠释了我人生的意义，谢谢大家！在此我还想对一位同学说，不要怀疑我对你的爱，就像你认为我是你最敬爱的老师一样，你也是我最喜欢的学生之一，你们都是我的好学生。"

我觉得对于学生可爱的小举动我们必须给予回应，粗心大意是对稚嫩的心灵的漠视，其后果怕是导致他们对人世的冷漠。教师的爱，就像火种，它能点燃学生的爱。学生得到教师的爱，才会把这种爱"反射"给老师、同学，以至上升到对生活、对学习、对祖国的爱上去。苏霍姆林斯基有一句话说："对孩子的热爱与关怀，是一股巨大的力量，能在人身上树立起一切美好的东西。"

有爱心的人必定是一个懂得感动的人,感动是与人相处的润滑剂,感动于他人的帮助,感动于他人的忏悔,感动于他人的真诚,感动于他人的美丽;感动是与生命的对白,感动于小草破土而出,感动于夏日的一缕清风,感动于落叶魂归大地的壮烈,感动于第一片雪花消融在脸颊……懂得感动才是健康的人性。

"教师是人类灵魂的工程师"这是对我们的美誉,同时也是在告知我们的责任。那就让我们以饱满的热情去感动人吧。

教师如何教育好自己的孩子

时云峰

好教师往往不一定是好家长。学生眼里的好教师，反而教不好自己的孩子，大多数人对此都很难理解。其实这已经是很普遍的现象，究其原因主要有以下几点：

首先是由于教师职业的特殊性。一般说来，教师角色转换比较困难，教师在学生中最具权威性，因此在家里也常常会以权威的角色出现，为了树立自己的权威，对待子女有时不免苛刻甚至武断。如此一来，他们在家庭教育中就存在着一种不平等的教育状况，教师子女在学校被教师管，回家后依然受到父母的苛求，比别的孩子更容易形成逆反和厌烦心理。

其次，对孩子的目标期望过高也是导致教师教不好子女的一个主要原因。一些教师总会有意无意地将自己的孩子同那些智力水平较高的学生作比较，但期望越高失落越大，在这样的心理落差下，对子女的教育就很难成功。

第三，由于教师对教育较为熟悉，对自己的孩子的教育有时会百般挑剔。这种挑剔容易使孩子不自觉地对他的教师产生怀疑和抵触情绪，最终削弱孩子在校学习的兴趣和对生活的热情。

那么教师该如何成为一个好家长？该如何更好地处理亲子关系呢？

首先要摆正自己在家庭教育中的角色。在家里，你不再是教师而是孩子的父母，是孩子的家长，不能将两种角色混为一谈。教师要学会角色的及时转换，回到家里后，教师一定要及时将工作的压力放下来，在对待子女的教育上，不能用课堂上对待学生的口吻，更不能动不动就对自己的子女拳脚相加。

其次，教师还要以一种平常的心态对待子女，对他们的期望值不能太高，以免挫伤孩子的积极性。

第三，要特别注意避免把职业倦怠带到家庭中。尊重孩子作为独立个体的生命，关注孩子，与孩子一起成长。

无论何时，教师要把自己的孩子当做你最重要的学生加以培养，这是教师对家庭承担的重要责任。如果每个教师都能培养出一个优秀的孩子，那也是一个了不起的成就。教师教育好了自己的孩子，就是对孩子负责，对自己负责，对社会负责。

一起走进星光大道

姜艳玲

（看到这个题目大家肯定想到央视主持人毕福剑主持的《星光大道》了吧，那就是俺的误导。）

新学期开学不久，按照我的计划，就与班主任高老师商量一块布置班级文化板块，也是为孩子们创造一个好的学习环境。谁知心有灵犀，于是我们携手，充分利用了各面空闲墙壁，设置了一个个富有创意的板块：有"班级口号"、"旭日东升"、"男生棒"、"女生行"、"成长的足迹"等。

每个板块有每个板块的特色，每个板块的设计也都是费尽心思，别出新意。虽然还没有完全完工，但这一行动却引来了其他班学生的羡慕和嫉妒，也得到了领导的好评，领导大力支持。我当时也小有点成功感，我班学生都向我投来佩服的目光：原来数学老师是真人不露相啊！班主任高老师竟然对我表示感谢，非要把挨着左面的那半面墙作为"数学园地"送给我，让我自己做主进行"处置"。

苦思冥想了半天，觉得这个板块互动性要强，要能激起孩子们学习的欲望和积极性，还必须得起到一定的效果。鉴于这三个要求，做个什么板块好呢？于是召集来班干部和组长开了个班级会议，听取大家意见，有人说叫"数学乐园"，其他人反对说这名字太俗，没有激情；还有人说叫"每日一星"，有人说这目的不明确，互动性欠缺，没有面向全体，要兼顾到全班各类学生。最后，经过大家商议，我们把这个版块取名"星光大道"。这个板块的设计更是别出心裁，独具一格。外观看上去是一个房子，底色是蓝色的吹塑纸，外框设计成橘黄色。里面贴上我和五十位孩子的相片。房子代表我们是快乐一家人，我代表家长，孩子们则是五十个可爱的小精灵。为什么贴上我的相片？是因为我也要参评，这样显得更有激励性。

走上星光大道可不是件容易的事情，是有要求的。每个人必须做到每天作业按时完成，上课积极回答问题或者参与讨论，要有自己独特的思想和见解。评委当然也是孩子们推荐出来的，绝对秉公执法！我也不例外啊，也是受监督者，表现好了，他们也会给我挂星的。

还别说，自从有了这个"星光灿烂"，孩子们的作业不但比以前交得更准时，更勤快了，而且字也比以前好多了，做题的质量也提高不少。上课表现更是没的说，也让我真正体会了什么叫"花开满堂"，孩子们你追我赶，生怕落后了，班里笼罩着浓浓的学习氛围。

良好的表现直接传染到其他学科，英语老师和班主任都说孩子们的劲头来了。我心里纳闷，难道真是上"星光大道"在起作用？带着这种疑惑，我们开始了走进"星光大道"的第一次评比，观众的眼睛是雪亮的，在评比结果公示之后，没有一个人有怨言，并且争相为得星的孩子表示祝贺，看来走进"星光大道"初步起到作用了。但是看到其余的遗憾的表情，他们为没有得星而出现的那份失落，我开始沉思了，怎样让每个孩子都有成功感呢？于是，缩小范围，寻找每个孩子课堂上的闪光点成了下一步评星的要求。

看吧，学困生王洋虽然平时做题质量较低，但是课堂上他绝不放过每次可以表现自己的机会，对于难度较大的问题他也尽量说出自己的想法和思路，这难道不该得星吗？当之无愧啊！调皮鬼张瑶，平常上课小动作不断，自控能力差，可是，再看现在，他看到王洋走进"星光大道"，心里也痒痒的，课堂上两只小手一直保持着抱臂坐直的姿势，眼睛始终围绕在黑板上，只要有机会，他就会把小手举得高高的……那独特的看法总会迎来孩子们热烈的掌声。还有张华、丽丽等，都在用自己的行动证明自己能行！我是看在眼里乐在心里，看到他们都挂上了闪闪的星，真替他们高兴！

各位评委说要给我挂星，这个想法说出来，全班一呼百应。我推辞说我从头到尾只是一个组织者，这个活动主要是激发孩子们激情和积极性。孩子们说我上课很辛苦，为他们操心了，而我说那是我的本职工作，都是我应该做的。可是，孩子们还是把那颗星挂上了。呵呵，不管怎么样，挂上星走上星光大道心里就是挺开心的！

和孩子们一起走进星光大道，可谓是一路走来一路歌。当然挂星只是个形式，激发孩子们的动力才是我最终的目的。

一学期来，我们时时更新评星的要求，让他永远新鲜，也让孩子们永远有追求。我们也依旧沉浸在"星光大道"的星光灿烂中，享受着它带给我们的劲头和激情，同时也回味着它带给我们的激动和快乐！

做孩子生命中的贵人

——第一次家长会反思

张倩倩

家长会开完了,坐在回家的车上,脑海中突然闪现出这样的想法:如果把这届学生送走了,我一定会经常想念他们的,突然觉得,从来没有像现在这样去牵挂一个班的孩子,也许这就是传说中的"教师职业幸福感"吧!

这种幸福感来自于孩子们的听话、懂事、乐学、好学,更来自家长们对老师工作的理解和支持,当我看到所有家长开会前都全部到齐的时候,心中涌起的是莫名的感动。我欣慰的是在一年的短暂相处中,越来越多的家长的积极性被调动起来了。做父母是我们生养孩子的权利,但教育孩子更是我们为人父母义不容辞的责任,当您认识到这一点的时候,您已经在向着"优秀"的目标迈进了!

我不敢说自己有多优秀,因为我离名师的距离还有很远;我也没有很多宝贵的经验可供借鉴,毕竟开始用心做教育的时候已经很晚了,但我知道自己是一个认定目标就能坚持不懈的人,我不敢保证能做得最好,但我一直在努力追求着更好。在孩子的生命长河中,我只是一个匆匆的过客,能在他们幼小的心灵土壤上留下些什么,是我一直在努力从事的事业。每个孩子都是这个世界上独一无二的生命个体,陪伴他们一生的也唯有自己的父母。把孩子带来这个世界是您对他(她)最大的恩赐,没有让孩子接受到最好的教育无疑成了最大的罪过,我们能做得就是努力让自己成为孩子生命中的贵人,教育好孩子才是人生中最大的财富!我也想借此机会感谢几位做得不错的家长:

孟宇航的妈妈——

孟宇航的妈妈是我们家长委员会的成员之一,工作地点在新郑,一天中和孩子在一起的时间就是晚上,"餐桌文化"成了她教育的主要渠道。每次家长会我从来没有接到她请假的电话,昨天开会前我特意打电话问她能否准时参加,不曾想已经是在赶来的路上,看看表那一刻刚刚过12点,突然间意识到她怎么吃午饭呢?没过多久我收到了一条信息:张老师,单位有事我现在赶回去,可能要耽误一点儿开会时间。想到这时候她匆忙赶路的情景,我就回了信息"好的",好让她别那么着急。我甚至连向各位家长解释她迟到原因的话都想好了。让我颇感意外的是,当我开会前点名的时候她已经坐在了孩子的位置上,是什么力量驱动着她做事如此高效?我想莫过于孩子的事情大过天了。也正是有如此优秀的家长,她的孩子是班里老师最省心的一个。孩子的优秀一半是从父母那里继承,我从来不否认!

翟家滢的姐姐——

当我听到翟家滢的学习是由姐姐来负责的时候,说实话心里凉凉的,我见惯了那些父母把教育孩子的责任一推了之随便找个监护人的家长,结果是三天打鱼两天晒网,到头来孩子被教育得一身臭毛病,做家长的还是不屑一顾。我没想到家滢的姐姐早早地就来到教室,开会过程中把老师出示的一些学习要求都一字不落地记录下来,还不时问一下,生怕出现差错。她的一举一动给我留下的印象太深刻了,因为她和旁边的那位家长形成了鲜明的对比,我分明看到就在隔了一个座位的另一位爸爸自始至终都是抱着两臂,不知道那时候他的大脑在忙些什么(解释一下:今年新转来了7个孩子,我刻意把他们的位置安排在第一排,对他们来说毕竟是孩子的第一次家长会,会上要做的记录会比老生家长们多一些)。会后,家滢姐姐特意留下来和我做了简短的沟通和交流,并保证在教育孩子方面自己一定不遗余力。其实孩子已经很优秀了,还能碰到这么负责任的姐姐,作为老师我由衷地替孩子高兴。毕竟对孩子来说,老师是可以选择的,但家长只有两位。

朱靖妈妈和胡文韬妈妈——

两位妈妈都是针对孩子的暑期作业而留下和老师单独沟通的,在没有点名上交暑期成长档案袋的十多位孩子中,只有这两位妈妈记得给老师做了解释。作为老师,我比谁都清楚哪些孩子一定是做了忘记上交,哪些孩子是做了质量不高,哪些孩子是根本没有去做,原因很简单,就看孩子背后站着的那位家长,她(他)所有的德行就会告诉你,她(他)的孩子究竟是一个怎样的孩子。

做孩子生命中的贵人,当你有这种意识的时候,你已经在努力做称职的父母了!

如何让孩子度过暑假这个"真空地带"

张保泉

中招考试过后,忙碌了许久的孩子们终于盼来了期待已久的暑假。由于笔者每天坚持写点东西,在网上经常看到学生在线,便会发过去信息询问他们在干什么。

当我第一次询问一个女同学时,她说在玩斗地主游戏。我听了之后也没多想,还打趣说:"要不回头咱俩合伙斗别人?"

一直都认为,放假嘛,休息休息,调整一下疲惫的身心,上网娱乐一下也未尝不可。

但是稍后的几天里,我再次询问她时,每次得到的都是同样的答案:在斗地主。

还有我班的小萌同学,这几天在网上遇见她时也总是闷闷不乐。问过之后才得知是在家里闲得太无聊了……

男同学就更不必说了,每逢问起不是在网吧聊天、就是打游戏。有的几天几夜不回家,吃住在网吧。

……

这帮孩子们,在学校里,有学校的严明纪律约束着,有老师的谆谆教诲在耳边念叨着还好些，可是放假了回到家里，便如同一匹匹脱缰的小马，一下了放开获得了自由，又无人引导，无人管教，便很容易出问题。

我在想，假期两个月的时间是教育的"真空地带"。除了在家避暑、休闲娱乐，孩子们还可以干点什么，我们又能为孩子做点什么呢？

刚好看到的一篇新闻报道，说当地的学校在假期开放学校的图书馆、机房、操场等公共措施，让孩子们重返校园，做些有意义的事情，过一个有意义的假期。同时当地的教体局还要求各学校围绕扶贫济困、尊老敬老、帮助孤残等主题，以军烈属、"五保户"、贫困户为重点，组织青少年学生志愿者积极开展多种形式的服务活动，培养和提高中小学生的创新精神和实践能力，并使中小学生在实践中接受教育。

从学校方面来说，这些都是很不错的措施，只要认真执行落实，那么假期这个真空地带便会被填补，孩子们也能够在假期中有学有玩，有所收获，而不是在上网打游戏、看电视中度过假期。

从家长这方面来说，不能对孩子放任自流。平日大部分的时间，孩子都是在学校度过，只是周末才回到家中。而家长也忙于上班，没有太多的时间去关注关心孩子的内心世界，所以暑假是个很好的时间和机会。

父母应多抽出时间和孩子在一起，多谈心沟通，多带孩子到外面看看，增长一下孩子的见识，拓宽一下孩子的视野。

同时，也不能一味随着孩子的意愿，想干什么就干什么，适当给孩子安排点任务。比如暑假在家可以帮家里做点家务，到农村体验一下生活，或是找个兼职的工作，体验一下父母赚钱的不容易，也锻炼一下自己的社会实践能力。

当然，也可以给孩子报个兴趣班什么的，让孩子学点什么技能。比如游泳、画画、跳舞等等。这个事先要征求孩子的建议，以孩子的兴趣为前提，父母的意见为指导。只有这样，才能达到双赢的效果。

父母还应监督孩子适当地温习或是预习一下学习的内容。这样也为开学奠定一个良好的基础，能够让孩子在新学期里跟得上或取得更好的成绩。

从老师这方面来说，老师应该是和孩子们接触最多的人，朝夕相处，日日为伴。平日的工作中，我们可能会觉得自己很忙，没时间到学生家里家访。刚好可以趁暑假期间到学生家里走走，和学生的父母谈一谈，了解一些学生在假期中的情况，给学生提些合理的建议，对学习方法可以做些指导，将家访之路进行到底。这样做同时也增进了师生之间的感情，使老师体味到作为一名人民教师的职业幸福感。

同样，除了家访我们也可以打电话或在网上和学生谈心，交流。引导学生过一个合理而有意义的假期。

我和学生相约，中招成绩下来之后，我们就组织一起去爬始祖山。我想通过爬山，会让我们的班级更有凝聚力，同学之间、师生之间的情谊更加深厚。

一个晚上，我在网上看到郑州教育信息网举办的中学生暑假作文夏令营活动，忽然心生一念，班里的张萌同学作文写得不错，何不推荐她参与呢？当即就为她注册了一个账号，并把她以前写过的几篇习作上传至网上。第二天，当我告诉她这个消息时，她也是很高兴，表示愿意参与。这下她可有事做了，不至于闲得无聊了吧。我想，在这里，她的聪明才智得以发挥。相信在别人的鼓励与肯定下，更能激发她的写作热情。坚持下去，定会受益匪浅。

下一步，我想让班上更多写作爱好者参与进来。并针对学生的个性特点，引导他们度过一个快乐而又有意义的假期。

通过学校、家长、老师我们三方联手，让暑假这个教育的"真空地带"不再真空，让孩子们的假期不再是白纸一片，而是充满生机，充满乐趣。

如何教育好自己的孩子

杨志茹

孩子是祖国的未来,是家长的希望。我们都希望孩子成为祖国未来的栋梁之才。

"世界上没有两片相同的树叶。每个孩子的性格、特点、能力是不同的,应采取的教育方式也是不一样。"根据自己孩子的特点,我觉得应该做好以下几方面的工作:

一、注重孩子的品德教育,把孩子培养成品行端正的有用之才

现在的孩子大多是独生子女,由于娇生惯养,身上不同程度地存在一些不好的生活习惯,例如:自私、娇气、不尊重长辈、排斥同辈、不合群、生活自理能力不够、贪玩等等。要想孩子健康成长,首先要帮孩子逐步改掉这些不好的习惯。中国有句古话,"不识字要识事","要成功,先成人",说的就是这个道理。由于我的家庭格局不同,父母都在老家,少了老人的娇惯,这就给我们教育孩子创造了一个好的条件。虽然我们多吃了许多苦,但对孩子不良习惯的约束起到了好的效果。

1. 注重孩子的孝道教育,让孩子知道什么是"孝"

对长辈尊重,看到长辈要称呼,对长辈生活中的点滴事情,尽量引起孩子的注意，让孩子懂得孝道。

2. 注重孩子的礼貌教育

孩子和同龄人一起玩的时候，教育他们讲礼貌懂礼让，不欺负弱小，不动手打人，不骂人。遇到问题时，先检讨自己的不足之处，培养孩子的文明礼貌意识。

3. 注重孩子的品行教育

这个年龄段的孩子心灵是幼稚的，在他们的眼里只有好人坏人之分。我们应该经常注重潜移默化的教育，经常给孩子讲正反两方面的故事，让孩子知道做"好人"的道理，做个"好人"。首先尽量要杜绝我们大人身上的一些不良习气影响孩子，如：赌博、抽烟、喝酒、看色情暴力影视等等，给孩子创造一个健康良好的成长环境。对一些社会上不良的行为，例如偷窃，坚决严禁发生。在公共行为上，教育孩子遵纪守法，遵守公共道德，例如保护花草树木，不随地吐痰，不随地乱扔瓜皮果屑等等，从小养成他们遵守公共道德意识。

4. 养成孩子良好的生活习惯

很多孩子下生就生活在蜜罐中，过着衣来伸手，饭来张口的生活，不会料理自己的生活。我觉得既然是为国家培养栋梁之才，就要培养他们独立生活的能力。让他们将来自立的时候，能轻轻松松地走向社会，走入生活，料理好自己的生活，不觉得生活是一个负担。不要让他们养成好吃懒做的习惯。例如，不让孩子随便买外面的东西吃，一来养成良好的生活习惯，二来不养成大手大脚乱花钱的习惯。

5. 以身作则

家长首先要养成良好的习惯。为孩子起到表率作用。父母的一言一行都是孩子的启蒙。创设良好的学习氛围，与孩子一起看书或学习。久而久之，渐渐地他们自然而然地感觉父母很注重学习，知道自己应该如何去学习，懂得了不是为谁而学的道理。

6. 尊重孩子

何为尊重呢？我们不妨在适当的时间坐下来和孩子相互交流，让孩子畅所欲言，给我们提供一些信息，让我们知道孩子的喜怒哀乐。有意见分歧时，作为家长，应该认真考虑孩子的意见是否比我们的更完善、更妥帖。如果是，我们就应该放弃自己的意见，大胆采纳孩子的意见。这是给孩子一次认知判断能力的锻炼，既尊重了孩子，又缩短了两代人之间的鸿沟。

二、培养孩子的学习兴趣，帮助孩子寻找好的学习方法

现在的孩子很辛苦，小小年纪，肩上背着沉重的书包，休息日还要上各种类型的兴趣班，整天除了学习还是学习，想玩只能在空余时间偷着玩。但他们很聪明，学习中吸收知识的多少快慢，不决定于智商的高低，而是决定于学习方法的好坏。我认为，首先要培养孩子的学习耐力，坐得住，保持充足的睡眠。如果每节课能把老师教的80%都能吸收进去，这样的孩子成绩不会不优秀。其次，不要给孩子加重学习负担，让他们产生厌学情绪。玩是孩子的天性，做家长的不要随便扼制孩子的天性，可以寓教于乐，在轻松中点滴贯穿知识教育。让他们玩得开心，学得轻松。同时，为孩子创造一个良好的学习环境，让他们有一个单独安静的学习场所。孩子做作业时不要随便打扰，尽量不要陪坐，甚至是棍棒教育等等。孩子做错作业也尽量让他们自己找出错误加以改正，这也是让孩子重新复习一次的机会。

三、注重孩子的情感交流，让孩子感到爱在身边

一个良好的家庭环境对孩子的健康成长尤为重要，孩子需要爱。由于生活和工作的双重压力，现在的年轻父母几乎每天都忙忙碌碌着，只顾忙自己的事，无暇照顾自己的孩子。这样环境中成长的孩子缺乏感情沟通，容易任性，孤僻，对父母的教育有逆反心理，所以父母再忙也要挤出时间陪陪孩子，让孩子感到爱无时不在身边。我的孩子喜欢唱歌，

有时我会利用业余时间陪孩子唱唱歌,既让孩子放松自己学习上压力,又增加父母情感上的交流。让孩子多参加一些校内集体活动,也可以增加孩子同其他人的交流,增强孩子人际关系交往能力。

家校合力为孩子支撑一片蓝天

侯新琴

我校是由牛庄小学、新庄小学四至六年级学生和惠济桥小学合并重新组建的一所小学——大河路中心小学,接着又将铁炉砦小学四至六年级并入我校。为了迎接新同学,满足教学需要,暑期我校投资两万多元购置新桌椅100套,新装修3个教室和一个实验室。为了提高办学条件,今年10月我校又投入1.8万元配置一个标准的实验室……

家长学校是社会主义精神文明建设的重要场地,是宣传正确的教育思想、弘扬中华民族的优良传统、普及家庭教育科学知识的良好场所,是广大家长了解孩子生理、心理发展、掌握科学的教育方法和技能,协助学校共同促进学生健康成长的主要窗口。学校本着"一切为了孩子"的原则,本着"做人民满意教师,创人民满意学校,办人民满意教育"的追求,十分重视家庭教育,坚持办好家长学校,积极组织形式多样的家长学校的学习活动,帮助家长掌握儿童的成长特点,掌握科学教育孩子的方法,创设良好的家庭环境,与学校教育形成合力,共同培养出心理健康、习惯良好的少年儿童。经过努力,家庭教育由随意达到完善,由松散逐步走上规范,家教内容和形式由单一化迈向系统性和多样化。

家长素质的提高，促进了学校教育的发展。下面我从四方面谈一下我校家长学校的工作。

一、完善组织建设，密切家校联系，共同做好孩子的教育工作

1. 成立家长学校领导机构——家长学校校务委员会

为开展家长学校工作，切实把家长学校工作落到实处，我们大河路中心小学成立了家长学校领导小组，由我担任组长，聘请了部分社会知名人士和优秀家长以及学校部分骨干教师等为成员。建立健全了学校、年级、班级三级家长委员会，并制定了家长委员会会议制度，家长学校领导班子分工明确，定期召开会议研究解决家长学校工作的重大问题和难点问题，如：就学生上课随便吃零食问题，我们及时召集家长委员会的成员进行商讨，达成了共识，通过家长约束、班主任引导、学生会检查、学校监督的方法来督促学生，使他们远离零食，养成了自我监督自我约束的好习惯。

2. 健全各项规章制度

在工作中我们做到有章可循，落到实处，建立并逐步完善家长学校管理的各种制度，它们分别是《家长学校管理制度》《家长委员会职责》《家长学校教育培训制度》等等。并严格执行，做到了有组织、有领导、有制度、有计划、有教材、有活动、有辅导教师、有定期培训计划。为进一步加强家长学校工作，学校将其纳入到学校工作计划、学校工作发展规划和班主任考核条件之中。并开展了母亲节感恩活动，活动期间把孩子的母亲邀请到学校，通过学生的表演以及相应的亲子游戏和活动增进了孩子与家长之间的感情。

3. 家校联系卡，进一步加强家校联系

学校的教育必须和家庭教育联系起来，才能真正达到教育孩子的目的。在教学中，我们采用家校联系卡，不定期和家长之间互通信息，及时向家长反馈学生在学校的有关情况，了解孩子在家庭中的表现。在使用家校联系卡的时候,我们时刻遵循着如下的原则:(1)针对问题,注重及时性——"有事就联系,没事就休息"。(2)指导为主,注重可操作性——"不是说教,更不是告状"。(3)及时反馈,注重连续性——"紧抓不放、常抓不懈"。这种形式得到了家长的欢迎和支持,促进了学生的健康成长,使班主任及其任课教师工作更加得心应手。

4. 严格家访制度

我们大河路中心小学规定新接班的班主任要在一学年内每生家访不少于一次,连任班主任一学年家访人数不少于全班的1/2,并对每次家访做以详细记录,期末学校审核各班的家访表。

5. 利用校信通和家长及时沟通联系

通过介绍学生在校的学习生活情况,向家长介绍家庭教育方法,家校互动……便于家长及时了解信息,互相学习、互相交流,共同教育好下一代。

二、开展形式多样的活动,扎实办好家长学校及取得的成效

1. 重视教材学习

我校"家长学校"制订有详细的《家长学校工作制度》《教师备课制度》《家长学校教师守则》《家长学校家庭教育培训制度》等相关的配套规章制度,并能够严格落实和执行。每学年初学校领导班子、家长都要召开专题会议,依据教师和学员特点制订相应的工作安排和教学计划,确保每次教师上课都有详细的教案。每次上课前学校都根据教学计划提前通知学员。运用家长会和学校印发的学习材料对家长进行集中和分散教育,让他们在集体授课和自由学习中掌握良好的教育方法。

2. 定期举办讲座

每学期学校都要请有关专家或学校领导进行专题讲座。我们曾举办《细节决定成败》的讲座,目的是使每位家长感悟到家庭教育的重要性,注重生活细节,做孩子的好榜样。另外我们邀请一些知名教授给孩子做了《科学教育——成就孩子辉煌未来》等专题讲座,使家长更明确了自己今后的教育方法和方向。并把讲座刻录成光盘,分到各班,让没到会的家长传阅,学校尽可能让家长不错过学习提高的机会。

3. 定期召开家长会

家长会是学校教育工作的一项常规性工作。我校坚持每学期至少召开一次家长会,家长会一般先由校方讲学校的办学思想和现阶段的工作目标,近段学校投资情况和取得的荣誉,同时再讲一些有关教育的主题策略。然后向家长展示各项活动成果,最后分班开家长会。每次家长会召开之前,教师都要认真写好计划,同时还严格要求教师,不准把家长会开成成绩报告会或批评会,要求要有针对性,力求能帮助家长树立正确的教育观念,掌握有效的教育方法,促进学生的健康发展。会后学校领导到各班进行家长评教,希望家长多提宝贵意见,学校把各班家长的意见汇总,尽快给予答复。为了使各位家长能够取长补短,相互提高,在分班家长会上开展家庭教育经验交流活动,在交流中让他们介绍自己的育子方法,共同讨论学生存在的问题,在集思广益中分享切实可行的方法,转变了家长的教育理念,丰富了他们的教育方法,达到了良好的效果。

4. 举办学校开放日

定期向家长开课,让家长走进课堂了解学校,也是家庭教育工作中的一项有力措施。在六一儿童节时,家长们在娱乐活动中看到孩子的艺术才华;邀请家长走进课堂,与自己的孩子一起上课,让家长亲眼目睹孩子在学习上的表现。

"开放日"活动让教师、家长、学生之间的距离拉得更近了,从而增强了相互之间的了解、尊重和关心,出现了孩子督促家长做模范家长,家长教育孩子做"三好学生"的可喜局面。

5. 充分利用校信通

学校和教师可通过移动校信通信息平台，免费为移动用户家长发送学生评语、活动通知、心理辅导、家庭作业等信息，家长也可以及时给予短信回复，极大地方便了学校和家长的沟通，使家校的联系更为密切，深受欢迎。

三、"双关爱"工作

新学期统计各班的流动学生和留守儿童的基本信息，了解他们的学习及生活情况，已经成为我校的常规工作。

四、我们的工作效果和今后的工作思路

通过我们长时间的辛勤工作，推动了家长学校的工作向前发展。我们充分认识到：家长学校的开办，拓宽了我们对学生教育的路子，让学校、家庭、社会三结合教育网络得到具体落实，有力地提高了家长对学校教育的认识和理解，家长教育子女的水平得到有效的不断的提高，广大学生家长参加学习的积极性不断提高，我们工作得到了社会各界人士的支持和赞扬，我们的工作信心更足了。

在今后的工作中，我们需要加强对极少数家长的辅导，提高他们教育子女的能力，提高他们对家长学校的认识和工作的支持。我们相信，有上级领导的支持，我们的家长学校一定会越办越好，为培养更多的全面建设小康社会的合格人才再立新功。

每一个成功的人背后不仅拥有优秀的教师，更有优秀的父母，温馨和睦的家庭。家校合力，让学生健康每一天，快乐每一天，收获每一天，为孩子支撑一片蓝天。

教师成长

Zuo
幸福
De Lao Shi

做幸福的老师

杜淑丽

幸福是什么？幸福是人生的主题，只有感到幸福的人，其人生才是快乐和阳光的，追求幸福是每个人的毕生所求所愿，这一点大都有认同感。但其实什么是幸福，永远没有一个统一的界定。什么是"幸福老师"亦是如此。相同的生活境遇，在此人眼中会倍感幸福，充满感恩；在彼人眼中或许会深感痛苦，充满沮丧。不同的幸福感和幸福观都取决于不同人的生活态度、生活价值观和心态心境。

"生活是一面镜子，你对它笑，它就对你笑，你对它哭，它就对你哭。"只要你能笑对人生，你就能体会到幸福。"为人师表"者，我想最大的幸福并不仅仅是传授给了学生多少知识，而这幸福感应是来自多方面的，要我们自己去体验、感受它。

我认为作为老师首先要有一颗感恩之心。西方广为流传的诗——《我感恩》："有每夜与我抢被子的伴侣，因为那表示他（她）不是和别人在一起；有只会看电视而不洗碗的孩子，因为那表示他（她）乖乖在家而不是流离在外；我缴税，那表示我有工作；衣服越来越紧，那表示我们吃得很好；有阴影陪我劳动，那表示我在明亮的阳光下；有待修理的草地、待修理的窗户和待修理的排水沟，那表示我有个家……最后，一封封充满感恩的电子邮件，那表示有很多朋友在惦记和想着我。"读了这首诗，你会发现，生活中一切的不如意，其实都有积极的一面。生活中，值得我们敬重与感激的人或物很多，感恩是一种达观的人生态度，是知足常乐的心态。作为一名老师，如果能怀着感恩之心去看待学生，你会被学生眼中饱含的渴望和纯真所鼓舞；为学生对你的尊重和认可而感到身心愉悦；被节日里的卡片、小礼物所深深感动……你也会发现学生是如此可爱，生活是如此美好。反之，总是埋怨、指责、敌视、不满，会让自己的心情变得很糟糕，自然没有幸福感可言。所以，常怀一颗感恩的心的老师，一定是时常面带笑容，挺直腰板，给学生们力量与信心的老师。一个幸福快乐的老师，才会有一群幸福快乐的学生。

再者要有一颗宽容之心。有这样一句话："教育的过程就是一个不完美的人引领着另一个（或一群）不完美的人追求完美的过程。"是啊，金无足赤，人无完人，我们这些为人师者，年岁长于学生，知识多于学生，阅历丰于学生，涵养胜于学生，即使这样，我们也不是完美的，那为什么一定要强求学生完美呢？学生之所以是学生，就是因为他们比我们容易犯错误。正因为学生会犯错误，所以才需要老师的存在。刚工作的时候我并没有认识到这一点，我总是难以容忍学生的错误。课堂上的讲话声、作业中的错误、考试成绩的不理想都会让我心情沮丧，对犯错误的学生进行不留情面的严厉批评，如此一来，原本沮丧的心情变得更加沮丧、压抑。现在从教一二十年了，脾气也被磨炼得没有棱角了，仔细观察每个孩子，其实每个学生都有自己的优点，都有自己的位置和作用。学习不主动的打扫卫生积极，成绩不好的跑得快、跳得远，课堂上爱捣乱的非常热心，乐于助人，见到班级的凳子坏了，不声不响地拿到木工房去修理，班上的后几名见到你总是远远地打招呼，非常有礼貌……如果我们能够怀着一颗宽容之心多发现他们身上的一些闪光点，而不是一味盯着他们所犯的错误不放,不就会少些烦恼多些快乐,少些狭隘多些豁达,幸福的生活不就是这样吗?当夜深人静之时,你坐在书桌前看着教师节那天孩子们满怀喜悦送来一张张贺卡、一封封信笺,这是幸福;回想起每逢元旦、春节孩子们打来一次次电话、一个个短信、一声声问候,这是幸福。每当回忆起这点点滴滴,幸福之感就像是送到你手中的一束鲜花,它就蕴藏在花心里,荡漾在花蕊上。

当你走进教室看到孩子们高兴、期盼的表情,听到孩子们一声声发自内心的"老师,您好",看见孩子们一个个整齐的"注目礼",听见孩子们一声声爽朗、开心的笑声,此时的你一定会为自己身为一名老师而感到幸福无比……

同时,我们还要怀着一颗快乐之心。快乐的基础是你对生活的态度。遇到困难或压力时,问这三个有力的问题:这件事有什么最棒的地方?还有什么美中不足的?我该如何补救这个状况,并且从中寻找乐趣?

一个很有名的关于推销的故事:两个欧洲人去非洲推销皮鞋。第一个推销员到了那里,发现所有的人都不穿鞋,立刻感到很失望:"所有人都不穿鞋,我的鞋肯定推销不出去。"于是就放弃了努力,沮丧地回去了。而第二个推销员看到了这个情况,立刻惊喜地叫起来:"都没穿鞋,这是个多么大的市场啊!"于是他想方设法地推销,终于成功地回到欧洲。

成功往往决定于快乐的态度,我是否快乐决定于我的思想,而非我的环境。爱默生曾经说:"人是思想的产物。"我控制我的思想,因此,我便可以控制我的快乐。

林肯曾经责备一名军官,因为他总是和别人发生冲突。他说:"一个对自己的未来还有很高期望的人,怎么能总是把时间浪费在争吵上呢?更何况争论的结果总是难于控制,一般情况下,在尊重公平的原则下,不妨做点让步。就好像你遇到一条恶狗一样,最后是让路,而不是和他冲突。否则你就算是杀了它,也还是被咬了啊。"

要成为一个幸福的老师还要懂得享受课堂。课堂是教师生命最重要的舞台,一个懂得享受上课的人,课堂便自然会成为其享受幸福的重要舞台,营造一个充满生命活力的课堂,和学生一起痛苦、一起欢乐,你就会少了许多教学的焦虑和烦恼。

上课之前如果你认真而又细致地备好课,微笑着走进教室,投入而又熟练地传播知识,你会惊喜地发现孩子们也很投入,精力集中、思维活跃,个个都想表现自己,而这不正是我们想要的吗?

我们要放正心态,学会"有教无类"地接纳身边的每一个学生,学会以每一个学生为基准,对孩子多一分宽容,让学生学会做自己人生舞台上的主角,从他的幸福成长中获得幸福!当你发现给了学生一份相信和鼓励,自己却得到了更多的尊重、快乐和幸福,这样的课堂真是一种享受!

做一个幸福的老师吧!一个幸福的老师,是一个能走进学生心灵的教师;一个幸福的老师,是一个追求课堂诗意的老师;一个幸福的老师,是一个能享受教育的老师;一个幸福的老师,是一个能实现自我价值的老师……

花儿感谢阳光的照耀,青草感谢雨水的滋润。我,会感谢我的学生使我成为一名幸福的老师,从而收获一个多姿多彩的人生!

好老师是什么样的

路 洁

一年一度的学生评教如期举行,提心吊胆地翻开评价我的一页页评教表,我的心在随着学生的评价不断变化着:"你是一位课堂上严厉课下温柔的好老师","你永远奋战在课堂第一线","你对我们严格要求","你是老师中的典范","你讲课充满激情,妙语连珠"……正在自鸣得意,忽然,一个不一样的声音在我的耳边炸响:"你上课伤害学生的自尊心,不过改掉还是好老师。"脑子里闪过一丝不悦,转而就是自我反思,没有不起风的浪,看来我真的伤害过这个学生,但又一时想不起他是谁。随手又翻开其他教师几本评课表,学生对老师的感激和尊敬尽管占据了主流,但意见还真不少:老师,你不经常换衣服,我们有点视觉疲劳;老师你经常打我们的手,真的好疼;老师你总是拖堂,这一点都不好玩;老师,你讲课总是讲错,给你说,你又说我们多嘴多舌;老师,你的课太松了,有人捣乱,你也不管;老师,请你控制自己的情绪,不要把生活中的烦恼带到课堂上;老师,请你布置作业少一点好吗;老师,你知道吗,微笑时的您最美……凡此种种,让我陷入了沉思,一句句肺腑之言,一声声天籁之音,让我终于明白一个新时代的优秀的教师应该怎样做。

一、上课一盘散沙的老师不是一位好老师

尽管现在大力提倡道德课堂、生命课堂、尊重课堂，但不负责任的放任自流，信马由缰的课堂模式绝对不是对学生道德的表现。如果说贻误学生青春就是给学生自由，置之不理随便迁就就是对学生的尊重，我实在不敢苟同。现代教育学中有纪律约束和个体尊重相结合的原则，没有规矩不能成方圆，学生是正在成长的个体，一如一棵小树，需要教师用心血和汗水对他们修剪移栽，进行浇灌和呵护；学生在成长过程中难免出现旁逸斜出的枝条，我们就要及时扶正和修改，这就是对学生的一生奠基一生负责的行为。如果学生在课堂上做一些与课堂教学无关的行为，我们不去制止，孩子就会天真地以为他的行为就是对的，从而形成习惯，带入社会，影响终身。因此，一位好老师的标准就是能轻松自如地驾驭调控课堂，能做到令行禁止，一切行动听指挥。正如洋思中学的副校长刘金玉所说：教师，要做张艺谋，会通盘导演，让每一个演员最大限度发挥他的才能，虽然更多时候我们鼓励演员要即兴发挥，正如鼓励我们的学生要在课堂上有更多生成一样，但没有教师的指挥和点播，就绝没有生成的惊喜和收获的快乐。因此，一盘散沙的教师，是最不受学生欢迎的教师，是没有能力的表现，应该对此及时叫停。

二、上课不能控制情绪的老师不是好老师

十九世纪德国的哲学诗人荷尔德林，面对人生和人类的种种的苦难，曾写下这样的诗句：人充满劳绩，但还诗意地栖居于大地上。反思我们的课堂，应该是具有情感的温度、文化的宽度和思想的深度。然而因为生活中的种种烦恼，许多教师难免会把情绪带进课堂，而且会因一些鸡毛蒜皮的小事在课堂上借题发挥，大动肝火，结果常常是因小失大，因为极个别学生的不轨贻误了全班学生的学习。更多的教师虽然没有在课堂上电闪雷鸣，但也是经常阴云密布，剑拔弩张，搞得气氛异常紧张，

整整四十五分钟，全班学生大气不敢出，小气不敢喘，即便是老师讲得再好，设计得再精彩，学生只有害怕的份儿，没有思考的余地。教室本是学生张扬个性全面发展的主战场，如果因为教师的情绪不能控制而把它变成一座座文明的监狱，我们的教育目的则适得其反，把教室里的几分诗意破坏得干干净净。

大家知道唐僧西行取经的故事，尽管跟随他一路同行的徒弟都是桀骜不驯的四个畜生，说白了，都是屡教不改的劳改犯，几乎是天天时时都给唐僧惹来麻烦，假若我们是当时的唐僧，还不得把肺气炸？但唐僧不仅从来不大动肝火，而且一贯保持淡定从容的风度，没有声嘶力竭的咆哮，没有死去活来的打闹，而是在大是大非面前，控制住自己的情绪，用一颗爱心去感化每一个爱徒的心。一件饱含关怀和温暖的虎皮小铠甲，一顶可爱漂亮的僧帽寄托着师傅的一片爱心，一个信任鼓励的眼神，最终让自我感觉良好的孙悟空、六根不净的猪八戒、那个一身野性的沙悟净，都修身成佛，修成正果。我们的学生，即便是再调皮，恐怕在那几个畜生面前，也绝对是小巫见大巫。如果我们都能有唐僧那样的处惊不乱，见怪不怪，那绝对没有教不好的学生了。让我们在处理日常捣蛋学生的时候，把它当成一次充满刺激的考验，当成一次锻炼提高的宝贵机会，哪还会有什么烦恼什么痛苦可言呢？

三、经常不修边幅的老师不是好老师

在一个班级的评教表上，我看到这样一句话：老师，你总是不换衣服，让我们产生了视觉疲劳。

一个小小的提议，让我联想到很多。老师，是这个社会中的穷人，工资本来就低，还要拿来供房子、养孩子以及孝顺父母，哪有闲余的金钱来为自己的穿戴打扮投资，能做到食能果腹衣能蔽体就很满足了。特别是像我们这些已经名花有主，为人父母的中年教师，更是无暇顾及这些，常常是一件羽绒服一穿就是好几年，一件工装一穿就是几个月，只穿得皱褶满身，污秽满身，连自己都觉得很是过意不去，难怪学生会产生视觉疲劳。其实，教育学强调：教师在讲台上，应是想方设法引起学生的有意注意，吸引学生的注意力，这就要求教师仪表美观大方，款款得体，给人一种美的享受。因为教师就是传递美创造美展示美的职业，而且整洁漂亮的外表是对学生的一种尊重，是对教育事业的一种虔诚，能最大限度地调动学生学习文化科学知识的积极性，给学生一种精神上的愉悦。我们可以不穿名牌，但我们不能不整洁，我们可以没有钻石金项链，但我们不能不得体美观。前不久，在四川某医院的电子屏幕上，连续播放出该医院护士和医生靓照，千娇百媚，柔情万千，美不胜收，虽然此事引起媒体的广泛关注，众博友也是议论跟风，众说纷纭，褒贬不一，但笔者认为，美的事物只要不伤风败俗，就能改善医患关系，促进社会的和谐。作为教师，我们尽最大努力去展现自己的美的一面，对于密切师生关系，构建道德课堂，提高授课效率，有百利而无一害。学生的心声就是我们的奋斗目标和工作方向，有时候，费尽心血去研究深奥难懂的教育理论，远不如躬下身来去倾听一句孩子的肺腑之言。毕竟，适合学生的教师才是最好的教师。

四、上课爱拖堂的老师不是好老师

如何判断一堂课是不是高效课堂，标准体现在八个方面：一看学生的学习状态；二看教学程序是否实现了先学后教；三看课堂上是否实现了由教教材变成了用教材；四看教师的角色由主演变成了导演；五看学生的角色是否有观众变成了主角；六看教学过程由封闭变成了开放；七看教学效果是否实现了堂堂清；八看教学是不是落实了三维目标：即知识与技能，过程与方法，情感态度与价值观。高效课堂还关注三个方面：一是每一个学生在每一个时间段都有事做；二是在具体的一节课里，达到了厚积知识，破疑解难，方法优化，能力提高，学习高效；三是让学生在课堂上心情舒畅，有安全的学习心理环境。如果你具备了以上条件，那么你的课堂就是实惠有效的富有道德价值的课堂,而绝不是没有特殊情况总要拖堂的课堂。我们都曾经是学生,换位思考,我们喜欢爱拖堂的教师吗?爱拖堂的教师教学效率一定很高吗?答案当然是否定的。成绩不是和时间成正比的,学生对你的欣赏和认可程度更是和你的持久战成反比。作为教师,我们或许无数次地在评教中被学生指责,但我们依然我行我素,继续坚持一拖再拖,直到学生忍无可忍,破坏了师生关系不说,我们还落了个老公公背儿媳妇上山——出力不讨好。何必呢?

新世纪的教育事业已经呈现一片欣欣向荣的大好局面,高效科学的课堂模式在遍地开花,追求高效实效才是我们的目标,在此,对那些一贯上课拖堂的教师说一声:请君暂停。

五、上课不会保护学生自尊的老师不是好老师

虽然我一直非常注意对学生自尊心的保护,但时间长了,依然在不经意间伤害了学生的自尊,造成不应有的伤害。想起那位学生对我的意见,我忽然记起那是一次考试过后,一位学生竟然考了三分,作为语文学科,学生竟然考了三分,盛怒之下,我不无讽刺地说:亲爱的孩子,你辛辛苦苦跟着我学了一年的语文,经过一百分钟的艰苦奋战,终于得了三大分,你真的很伟大,老师我有点崇拜你了。当时引来一阵哄堂大笑,事后想来,我这样做真的不应该,太伤孩子的自尊了。作为教师,构建良好和谐的师生关系,义不容辞,而和谐轻松的师生关系来自于对学生的关爱和尊重,即便是批评教育也是从尊重学生出发。不管教师是严厉还是温柔,尊重的原则不能改变。古人说,士可杀不可辱,说的就是这个道理。只有尊重学生的教师才会赢得学生的尊重,教师的工作才会充满快乐和成就感。

细节决定成败,作为教师,我们是和一颗颗白玉无瑕的心灵在打交道,举手投足,一言一行,都要考虑学生的承受能力和感受。一切为了学生,不只是学生的分数和成绩,更多的是心灵的净化和情操的陶冶。

教师的"奶酪"

张丽宁

美国医生、心理问题专家斯宾赛·约翰逊博士写的《谁动了我的奶酪》是个有趣的寓言故事。书中有 4 个"人物"——小老鼠"嗅嗅"和"匆匆",小矮人"哼哼"和"唧唧"。他们生活在一个迷宫里,奶酪是他们要追寻的东西。有一天,他们同时发现了一个储量丰富的奶酪仓库,便在其周围构筑起自己的幸福生活。很久之后的某天,奶酪突然不见了!这个突如其来的变化使他们的心态暴露无遗:嗅嗅、匆匆随变化而动,立刻开始出去再寻找,并很快就找到了更新鲜更丰富的奶酪;两个小矮人哼哼和唧唧面对变化却犹豫不决,烦恼丛生,始终守在已经消失的美好幻觉中,却每天抱怨,无法接受奶酪已经消失的残酷现实。经过激烈的思想斗争,唧唧终于冲破了思想的束缚,穿上久置不用的跑鞋,重新进入漆黑的迷宫,并最终找到了更多更好的奶酪,而哼哼却仍在原地郁郁寡欢……

"奶酪"自然是个比喻,代表我们生命中的任何最想得到的东西。从故事中的嗅嗅、匆匆身上我学到了很多东西:居安思危、因势而变……生活在这样一个快节奏、多变化的时代,每个人都可能面临着与过去完全不同的境遇,人们时常会感到自己的"奶酪"在变化。

作为一名教师,我们常以为自己从事着一成不变的教学工作,备课、上课、下课……正所谓"年年岁岁课相似,变化只是一点点"。其实不然,世间万物皆在变化之中,当我们回顾这几年基础教育改革的变化,文中的四位主人公的心态恰恰反映在教师群落的行为中,有人牢骚满腹、有人等待观望、有人冷静思考、有人不断追求。

面对如今蜂拥而至的教学任务:说教材、撰写札记、写博客、读书摘抄、随堂课、公开课、教研活动、培优补差、常规教学……我们不免心生烦躁,仔细想想若没有这些活动,没人搭建平台,教师又如何成长?我们的专业化水平又如何发展?态度决定行为,转变了态度,我们会笑迎一切任务,并圆满地完成。

时下,教师晋级难,很多教师晋上小教高级也就没有晋升的希望了,这也使很多已晋升上小教高级的教师没有了奋斗目标,对于任何活动都不愿参加,惰性使其相互推诿,对待任何事都没有激情,使工作难以进行。我们应该向小老鼠"嗅嗅"和"匆匆"学习,不断奋斗,才会有享之不尽的奶酪,才会有源源不断的长流水,才会不断充实自己,真正成为学生向良师益友。

总之,变化无时无处不在发生,无论我们是害怕改变还是喜欢改变,只要我们能尽快调整自己的心态,居安思危,因势而变,积极主动地应对各种变化,不论你的目标是什么,它都能助你走向成功的彼岸!

教师应像树一样的生活

毛广伟

对教师工作的隐喻,最经常出现的两个物象是"春蚕"和"蜡烛"。在争取社会理解和支持方面,这两个说法似乎很有价值。但对教师自身,这两个物象并不能引导教师获得幸福,也不能相对全面地刻画教师生活。

如何从付出、消耗的失落走向相互滋养的幸福?我想到的是"树的生活"。

教师是一棵树。一方面,教师要发挥诸如转化、净化、光合反应等作用,通过释放"氧气"服务学生和社会;另一方面,教师需要生长,没有生长就会枯干,就无法胜任释放。教师的生长表现在学校、教室里获得营养,从同事、从学生身上获得滋养——"长成一棵参天大树"。这是我对教师生活的理解。

教师要生长,要从学生身上获得滋养。从这种意义上,我很不赞成老师把学生叫成"孩子",叫成"孩子"阻断了向学生学习、与学生共同成长的可能——"他是孩子,懂什么呢?有什么值得学习的呢?"我极力主张师生要建立一种"同学"的关系。

如果我们有了成长——长成大树——的意识,我们就开启了向学生学习的心灵，这时的教学就不是付出，而是收获。我将更加看重同学们的意见，更加敏感于同学们对自己成长的帮助。在真诚为学生的变化叫好的同时，我会为自己也在收获着，也在丰富着感到快乐和幸福。

高效课堂的"哑巴精神"

楚红丽

经常听这么一句话:"向四十分钟要质量。"这正是高效课堂的体现。做教师的都知道要提高教学质量,课堂上是关键,但具体怎样才算高效课堂,老师们不一定理解得那么透彻。趁着暑假闲暇时间,我有幸拜读了李炳亭老师撰写的《高效课堂22条》和《我给传统课堂打0分》两本书,才真正明白高效课堂的含义,明白了要想有高效的课堂并非简单地说说就成为高效课堂了,还需要教师思想的转化、课前的精心准备等做基础才行。

在这两本书中让我感触颇深的,首先就是处理好师生关系。

书中指出:"让学生学会的课才叫好课,让学生学会的教师才叫好教师。哑巴能成为好教师吗?当然可以,只要哑巴能让学生学会,岂不是好教师吗?"过去的课堂多数是教师的阵地,在一节课中,教师滔滔不绝地讲,学生是漫无目的地听,一节课下来,教师讲得口干舌燥,学生听得一知半解。考察一下学生的情况,教师是怒不可遏:"我费那么大劲儿给你们讲,到头来你们怎么还不会?"殊不知,这样做,才是费力不讨好,恰恰达不到授业的目的。

说实话，通过上一学期高效课堂改革的探索，我从内心深处体会到了传统课堂给我们带来的种种不合理，作为老师，真是太累了，且效果不明显，学生成绩并没有提高多少。作为学生，真叫一个苦，坐在教室里就像蹲大狱一样。自从我校实行课改以后，老师在课堂上变得轻松多了，除课前备导学案需要花费些时间外，课堂上老师再也不用多说话了，大部分时间留给了学生。此时的学生成了课堂的主宰，学生们变了许多，课堂表面看上去就像赶庙会，殊不知，他们都在相互切磋，相互学习，相互讨教，互相较量，每位学生都成了彼此的老师。真可谓是："三人行，必有我师焉。"就学习的结果来看，并不亚于以往，甚至比以往有所进步，学生的能力得到了培养。

我们要学习书中的"哑巴精神"，不要一味地给学生讲，让学生自己通过预习发现问题，讨论并解决问题，只有他们本身感受到的才是印象最深的。所以要尽快转变自己的教学观念把课堂真正还给学生，才是提高课堂效率的捷径呀。

其次，转变传统的教学观念，努力培养学生的创新精神。

传统的教学以教师为中心，以学生为知识容器，压抑了学生的创新欲望。因此，在教学观念上我们应牢固树立实施创新教育思想，用自身的创新精神激励和培养学生的创新意识。在这一过程中，我们要正确处理好三个关系：

一是教与学的关系。教师的重要职责在于引导、启发和鼓励学生。教师要努力营造一种宽松、平等、和谐的课堂气氛，激发学生敢想、敢说、敢做的热情，让学生在实践中积极地求知。

二是教师与学生的关系。教师要把自己作为教学实践的"普通一员"，始终把学生作为学习的主体、学习的主人，使他们享有充分的主动、发言权和评估权。

三是教学内容与教学方法的关系。教师应根据不同的教学内容采取灵活多样的教学形式和方法，以避免教学形式的单一和呆板，让学生在每次教学活动中都学到新的知识，感受到新的教学手段和新的教学方法。

传统的课堂教学与高效课堂最大的区别在于是"被动接受"，还是"主动发现"；传统教师和"高效教师"的区别在于是"施教者"，还是"开发者"、"激励者"。如果我们还停留在老思想老路子上，不更新观念，不把课堂归还给学生，难道我们还想让我们的后代继续深处"炼狱"吗？我们不就是一个罪人了吗？老师们，让我们大胆地迈向新课改，在校长的带领下，更新观念，放手，再放手，唯有放手才是真正的爱学生。

苏格拉底说，每个人的头脑里都有一颗小太阳。关键是你得能点燃，全班五十个小太阳相当于一个核反应堆，威力无穷！就让我们成为这个火炬手，点燃我们身边的每一颗小太阳，使他们各显其能，集思广益，那么，我们的课堂肯定是自由的、民主的、舒服的，老师、学生都轻松，学生乐学，老师乐教，其乐融融，何乐而不为？

回想我们的课堂，有时学生动起来了，大多数是形式上的花样翻新，而不是内涵的真正变化。我们要立足实际，因地制宜，不搞形式，精心备课，让学生们的潜能在课堂上超常地释放出来，让学生们的思维在课堂上动起来，学生的灵感生发出来，课堂精彩起来！

第三，高效课堂的评价形式是多样的。看老师，是否在课堂教学中体现了学生的主体地位，老师的教学活动要围绕学生这一主体进行；看学生，以学生来评价老师，在教学活动中首先看学生是否在学业上有收获，有提高，有进步。具体表现在：学生在认知上，从不懂到懂，从少知到多知，从不会到会；在情感上，从不喜欢到喜欢，从不热爱到热爱，从不感兴趣到感兴趣。一般来说，高效课堂效益评价主要标准是，学生思维活跃，语言表达正确、流利、有感情，课堂充满激情，分析问题与解决问题的能力强，目标达成且正确率高。前提是看学生是否愿意学、会不会学、乐不乐学，核心是教学三维目标的达成。

还有是否有效地促进了学习的迁移。学习的最终目的并不是将知识经验储存于头脑中,而是要应用于各种不同的实际情境中,解决现实中的各种问题。只有通过广泛的迁移,所学知识才能够得以改造,才能够概括化、系统化,从而广泛地、有效地调节个体的活动,解决实际的问题。且迁移规律对于学习者、教育工作者具有重要的指导作用,通过有效的迁移可提高学习效率,并更好地实现实践的学习应用,或更科学高效地完成教学任务。看评价,我们的高效课堂在追求高效的同时要遵循新课标要求,注重学习方法,是有原则地追求高效。

通过学习,我对高效课堂有了更深更明确的认识,高效课堂当然不是以学生"学会"为唯一目的,它还必须让学生享受"学"过程,并生成学习的能力。因而,我们可以这样说:高效课堂的教学过程必须"通过高效课堂走向高效学习,从而实现终身学习"。

感动　快乐　成长

肖海花

什么是"道德"？查阅许多的资料，我对这样一种解释挺赞同："道就是明事理，德就是付出。'道'＋'德'：笼统地讲就是有素质。"换言之，"做有道德的人"就是做一个有素质的人。而对于我们教师而言，首先应具备一定的职业道德素养，包括忠于人民的教育事业，热爱学生，团结协作，为人师表。谈到这些，一串串响亮而有影响的名字就会在我耳边响起：苏霍姆林斯基、陶行知、魏书生、李镇西……而就在我们身边这样的人也为数不少，尽管他们不是什么"大家"，只是"人类灵魂工程师"中的一个"小水滴"，但他们都在践行着"教师的职业道德素养"，做着太阳底下最光辉的事业。

李镇西的《做最好的老师》是我读得最深入的一本书，从文章的字里行间我感受到了教育的真谛，同时发现教育原来是这般的美丽。父母对孩子的爱是责无旁贷毫无保留的，而作为教师的我们，对于学生的爱，应该是至真、至纯、至善、至美的。李老师对学生爱得执著，爱得深沉，爱得无私，爱得渊博。他把教育工作当成自己的事业，把带给学生一生的幸福当成自己毕生的追求。听，他说："你也许不是最美丽的，但你可以最可爱;你也许不是最聪明的,但你可以最勤奋;你也许不会最富有,但你可以最充实;你也许不会最顺利,但你可以最乐观……"再听,他说:"师爱的最高境界不是母爱,也不是父爱,而是朋友之爱,同志之爱,因为这种爱的基础是平等,以感情赢得感情,以心灵感受心灵。"他因为他知学生们的心,他就赢得了教育引导的主动权,同时也赢得了学生对他的尊重。

看着,想着,感动着……

一、感动

作为一名教师,我感动着。还记得教师节那天早上,一进教室门,一束束鲜花包围着我,接下来是一句句:"老师,节日快乐!""老师,您辛苦了!"面对这样的场面,我真有点明星般的感觉,又像是受宠的孩子。感动之余我收下了这些美丽的花,并不住地向他们道谢。上课前,我激动地说:"孩子们,谢谢你们,你们的祝福我永远记在心里。我会像你们的父母一样爱你们的。"并向他们深深地鞠了一躬。接下来竟是我想不到的孩子们热烈的掌声。泪水在眼眶里打转。我知道,自己一定要为这群可爱的孩子们做好自己教书育人的职责。有了他们的祝福,我怎能不甘心付出我的辛苦?有了他们的掌声,我怎能不勤奋工作?有了他们的真诚,我又怎会吝啬自己的爱?回顾自己的教育工作,我不敢奢求太多,只要求自己用一个母亲对待孩子的标准来对待我的每一个学生。让他们在我的那份真诚无私的爱中,幸福、快乐地成长。

作为一名教师,我回味着。忘不了2009年9月7日那天,上课铃还没响,一个双手捂着头,浑身是血的孩子跑来向我报告,我不知所措,赵慧明老师的及时处理帮我解了围。赵老师那种母爱般的关怀让我明白了教育是一种责任。忘不了9月21日,星期一,有部分孩子作业由于贪玩没有完成,我记下他们的名字,并限期让他们补上,结果他们却是无于衷,我严厉地批评了他们。赵惠霞老师善意的提醒,让我明白了教育是一种等待。忘不了10月14日那天，一个孩子在学校里失踪了1个小时，我们满校园寻找，担心他出现任何的意外，尽管最后是虚惊一场，但我清楚地认识到教育是细节的组合。更忘不了10月30日，两个孩子在下课玩耍时不小心扭伤了脚，两位家长在老师的调解下，相互握手言和的场景。我明白教育不仅仅是知识的传授，更是爱的接力……忘不了的太多，太多，太多了……师爱就是感动，难道生活在感动中不是一种幸福吗？

作为一名教师，我深思着。每天上下教学楼时，对学生一句简单的提醒："小心！不要挤！慢下来！"看似平常的小事，随口的叮咛，我却看到了学校无小事，处处是教育；教师无小节，处处为楷模。每天放学的路队上，一句："早点回家，靠边走，注意安全。"这看似普通的一句嘱托，却让我看到了教师那无私的爱，母亲般的胸怀。每天早上到校时，对孩子说："天冷了，别来太早。"看似严厉的一句批评，其中又凝聚了教师多少的爱。

二、快乐

作为一名教师，我快乐着。工作其实就是一种享受，做就做更好的自己。我教过各个年级的各门学科，我试着让自己有更多的工作经验和阅历。每学年分课时，我总要求教不同的年级，目的是了解各个年级学生的不同特点，从而更有利于自己以后的教学。对于学校的各种活动我总是积极主动地参与，在活动中我提高着、进步着、创造着。所以，我欣慰，因为我是一名合格的教师。"为人师表"这赫赫有名的四个大字，让我知道了教师职业的崇高和神圣。我教过的学生这样说："老师，是您教会了我知识，教会我如何做人！"我在短信中回复道："老师最该感谢的是你们！感谢你们真诚的爱戴，感谢家长的一致认可，是你们让老师享受到了为人师的快乐，珍藏了为人师的最大幸福！"

涵雨是一个各方面都表现优秀的孩子，班里的活动总要他当主持人。

由于时间紧、任务重，脱稿对于他来说有一定的难度，而我对他的要求是即使牺牲中午休息的时间也要保质保量地完成任务，他有些为难地说："比我妈妈对我都狠！"而我却说："就是叫'妈'，我也不会对你放松要求！""妈妈，妈妈，能不能宽容点？"他竟然像孩子一样拉着我的胳膊，叫着妈妈撒起娇来。"NO，NO，妈妈相信你一定会做得更好！"这样亲切的画面是我和学生情感的演绎，我从内心深处感到快乐。

而小展却是一位普通得不再普通的孩子，但却时常引人注目。课堂上，他会趁老师不注意一下子溜到桌子底下；该放学了，他却不小心把墨水撒了一地；下课时，他会随时蹿到学生堆中大吼一声，把某个胆小的女生吓哭，或者横冲直撞把别人撞得人仰马翻……因此常常有学生会告他的状；放学时，他不从按规定的路线下楼，把楼梯当滑梯是常有的事，踩别人脚，碰到别人是家常便饭。总之，他就是一颗"定时炸弹"。但在他身上也有许多的优点，例如：课堂上别看他总是一副心不在焉的神情，可是别人不会的问题，他总是小手举得高高的，只要你叫他，他的回答常常让人刮目相看。对于他的关注，我比自己的孩子都"精心"，只要是课间操，总能见他寸步不离地跟在我身后，下课放学，我总会多次叮嘱他"别乱跑，下楼小心点儿！""来，陪老师坐下歇一会。"难免其他老师开玩笑地说："小展真是你的宝儿。"能做到热爱学生，我心快乐。

意大利诗人但丁曾说过这样一句话："一个知识不健全的人可以用道德去弥补，而一个道德不健全的人却难以用知识去弥补。"而我正努力地向着"知识健全"和"道德高尚"的目标迈进。正是在这样的感动与快乐中我逐渐成长起来，我明白爱是教育永恒的主题，爱是教师的灵魂。我懂得育人比教书更重要，教师要做孩子生活的良师益友，心灵的启迪者。我认识到"教导儿童服从真理、服从集体，养成儿童自觉的纪律性，这才是儿童道德教育最重要的部分"。

青年教师的化蛹为蝶

李 彤

　　一个人发现了一只蝶蛹。他坐下来观察了几小时，蛹内的蝴蝶正努力挣扎着让身体穿过蛹尾的那个小洞。最后蝴蝶不再挣扎了。它看起来似乎已经用尽了所有力气再也动弹不了了。

　　这个人决定帮助这只蝴蝶，于是他拿出一把剪刀把蛹剩余部分剪开，蝴蝶很轻易就露了出来，但是它的身躯臃肿，翅膀很小，还干瘪着。这个人继续观察着这只蝴蝶，因为他期待着有一刻蝴蝶的翅膀能够变大，伸展到能够支撑它的身体。但是什么也没有发生。事实上，这只蝴蝶拖着它臃肿的身躯和干瘪的翅膀爬行着耗尽了一生，再也没有飞起来。

　　在善心和匆忙间，这个人并不理解：蝶蛹的限制和蝴蝶通过那个小洞所需要的挣扎，都是大自然的生存法则，以此把蝴蝶身体里的某种液体挤压至翅膀，这样蝴蝶就可以在破茧而出、获得自由的时候翩翩飞舞了。

　　有时候挣扎恰恰是我们所需要的。如果大自然使我们的生活没有从我做起的障碍，我们反而会变得软弱。我们不会像原本应该的那样坚强，我们永远飞不起来……

每年我校都有或多或少的新上岗教师，作为校长的我是看在眼中急在心里，每当听完他们的课后我都会大发感慨，并指出很多不足之处，于是马上拿起"剪刀"把束缚他们的蝶蛹剪去，把他们前进的方向指明（那是我自以为是的方向，却未想他们的感受）。总想着让青年教师少走弯路，让他们的时间花在刀刃上，让他们的青春更有价值，让他们直接站在我的肩膀上。我一直以为这是一个正确的决定，并且常常在心中引以为傲。

做校长的可以说教、可以指挥、可以处罚，唯一不能代替的就是心灵的体验。大器晚成的青年教师要在寂寞的岁月中苦苦挣扎，脱颖而出的青年教师要在炫目的光环和嫉妒的口水中挣扎，拒不认错的青年教师要在一失足成千古恨的遗憾中挣扎，这就是人生的体验。在成长的道路上，所谓的头破血流对我而言或许是失败，但对青年教师来说却意味着离成长更近了一步。

道理虽是浅显易懂，做起来却实在是不容易。上课时要在多讲一步还是少讲一点中挣扎，要在是让学生摸着石头过河还是老师大显神通中挣扎；班级管理中要在德育为首还是智育为先中挣扎，要在漠视多数好的和纠缠于少数"差"之间挣扎……

有时让青年教师挣扎几次是必需的。青年教师肯定不会在挣扎中死亡，但注定会在挣扎中成长。"天将降大任于斯人也……"

从面试的情况看教师的培养

余　君

前不久,我有幸担任了郑州市教育局、人事局在我校组织的待入编大学生面试的评委工作。通过此项工作,让我领略了这些刚踏出校门的大学生的风采,也从中感悟到了很多东西。

学校共有 29 名待入编新教师参加了这次面试,面试共分两个环节:一是试讲,随机抽取一节课,准备十五分钟,随后上课,时间为十分钟,综合考察新教师的教学态度、学科知识、讲课艺术、与学生互动能力和语言表达等;一是演讲答辩,时间为五分钟,重点考察教师的求职动机与拟任岗位匹配性、应变与逻辑思维能力、举止仪表等。从总体上看,各位新教师都做了充分的准备,基本能够完成预定的两个环节,达到了考察、选拔的目的。

在整个考察过程中,除了新教师们精彩的讲课和条理的答辩之外,也给了我更多的启发和思考,特别是对新教师培养工作的思考。强校必先强师,提高教学质量离不开一支高素质的教师队伍,而加强对新教师的培养工作尤为重要。去年,我们学校组织实施了教师基本功大赛活动和青年教师培养传帮带活动,目的就是进一步提高教师综合素质,打造一支政治素质过硬，师德作风优良，爱岗敬业，无私奉献，关爱学生的学习型、研究型、专家型的教师队伍。这一次待入编大学生教师队伍的加入，将对学校教师队伍注入新鲜的血液，带来新的活力。

但从面试的情况看，在教师培养工作中我们还有很多的事情要做：

一、教育学心理学知识的培养

由于我校多是工科类专业，而且专业较多，需要的是很多具有专业理论与实践技能型的教师，这样的教师有很多都是来自非师范类的高校，对教育学、心理学知识普遍比较薄弱。教育需要遵循教育教学规律、学生身心成长发展规律以及职业教育人才培养规律，这就需要加强这方面知识的学习和提高，使老师们能够在教育教学工作中得心应手。在教学过程的组织实施、教学艺术的运用、教学方法的多样性、教学技巧的利用、师生互动的效果、学生学习心理的把握等各个方面，都需要进行专业性的培养和培训。有一部分教师在教学过程中没能运用或者干脆就不知道教育学心理学知识实施教学，最终影响自己的成绩。

二、教育时政知识的学习

面对新一轮教育教学改革特别是职业教育的改革，《国家中长期教育改革和发展规划纲（2010－2020年）》的颁布实施，全国教育工作会议的召开，以及教育科学发展等一系列有关国家教育发展的纲领性文件精神，都需要学习和研究。教育绝不仅仅是埋头于三尺讲台，还应该掌握国家的教育大政方针，适应现代教育教学要求，培养国家需要的各级各类合格人才。而这些往往会在答辩题中，以教育时政知识与学校办学理念相结合的形式体现，这样的题目也在一定程度上判断新教师对国家教育方针政策的理解和运用。教育时政的学习，不仅是学校领导的事，也是一线教师的事。这次面试答辩题就是上面所提到的有关问题，但老师们的回答有很大一部分不能切中要领，这也是与平时不注意这方面的学习与提高有关。

三、语言表达能力的提高

作为从事一线教学工作的教师应该拥有一定的语言表达能力，能够运用准确的语言讲授知识，让学生能听懂，听明白。虽然对教师的普通话要求有一定的区别，但作为教师不应该仅仅满足考教师资格证的普通话等级要求，而应该进一步提高自己的普通话水平；同时应该提高个人语言表达的条理性、层次性、艺术性，抓住要点，并能用准确的语言分析问题，提出解决问题的办法。尤其是专业课教师，如何用恰当的语言、准确的表述、科学的分析将专业知识与技能传授给学生，更需要学习和提高；同时还要能够合理使用通俗的语言将艰深的理论知识通俗易懂地讲解出来，使学生容易掌握、学会。教师要特别注意自己的口头语，诸如：是不是，对不对，这个，嗯——，等等，这在影响表达的同时让学生觉得你备课不认真，教材不熟悉，讲课不认真、随意，最终影响学生对你的认同感，教学效果可想而知。

四、教师肢体语言的合理运用

在课堂教学过程中，教师不仅仅是用语言将知识传授给学生，还要合理运用肢体语言，比如：手势、眼神、站立姿势、身体前倾角度、微笑等等。呆板的面部表情、晃来晃去的身体、无神的眼睛、挥来挥去的双手、一会儿摸摸脸一会儿挠挠头等情不自禁的小动作等等，都会影响教学效果。教师肢体语言运用是一门学问，需要我们共同学习提高。

五、板书的设计

现在由于有了多媒体技术，有的老师不重视这一点了，所以在板书设计这一环节上就出现很多问题。同时由于很多老师没有经过专门的系统的学习和练习，粉笔字写得很不规范，字迹潦草，书写不工整，笔顺不正确，有的写得大，有的写得小，看上去很乱；再者没有精心设计，想写在哪里就写在哪里，想怎么写就怎么写。有的评委就说："这是老师写的粉笔字吗？"确实，非师范类毕业生没有经过系统的训练，这是客观原因，但这不代表就不能写好板书，而在于自己愿不愿意去学习去提高。板书一方面是粉笔字要写得工整、整洁、规范、好看，另一方面就是设计板书，要根据黑板的长和宽以及教学内容的多少来安排板书的内容，做到前后搭配，左右协调；再一个就是板书的内容要设计好，不能什么内容都板书，而要重点难点突出，让学生做笔记有的放矢。因此说，板书是很讲究审美的，要有美感，看起来舒服自然，是美的享受，绝不糟蹋眼睛。

六、导入的科学

一般情况下，一节课的讲授绝不是突兀、直接入题的，往往要运用导入的方法。大多老师运用的都是复习上一节课的内容的形式，这也无可厚非。但我们除了采取这种方法外，是不是可以有创新，用更多的形式来导入。当然这要根据专业、学科的不同特点来精心设计和安排；语文有语文的特点，数学有数学的特点，计算机专业有计算机的特点，汽车专业有汽车专业的特点。可以用优美的语言引入本节课，也可以采取实物教学的方法导入，还可以运用经过精心设计的问题来引导学生踏入本节课的内容。过于单一化必然影响学生的审美疲劳。

七、师生互动如何动起来

在课堂教学环节中经常会运用师生互动的方法来促进教学，达到教学目的。师生互动的组织实施大多采取提问或者分组的形式来进行。当然这样不是不可以，但能不能有更多的方式呢？比如说板演（现在很多人也不用了）、分角色诵读、学生讲解、教师走下讲台深入学生中间、集中讲解与个别指导等等，都能达到师生互动的效果。师生互动中往往还要有互动效果的评价，这种评价不是简单的"你做得真好""你真棒""回答很正确""大家为他鼓掌"；而应该因势利导，在表扬鼓励的同时真正达到互动的效果。

还有很多，限于篇幅，这一次不再赘述。但我想，不管是哪一方面的问题，第一是需要发现，第二是需要主动学习改正并提高，第三是加强培训，形成常规。这些问题的出现，除了客观的原因外，学校应该在这些方面加强常规教学工作的培训和指导，各教研组也应该加强教研工作，全方位提高教师综合素质。

面试"感想"后的反思

陈云雁

今天看了"八月桂花"的博客《从面试情况看教师的培养》,很有同感。一是"英雄所见略同";二是都有一腔愿为青年教师服务的热血。

我也担任了面试的评委工作,并且在面试之后接连写了《机遇是为有准备的人准备的》和《为青年教师导航》两篇感想。但这些文章,都是以"老老师"或者"领导"的身份给青年教师进行"指点江山"的,没有站在青年教师的角度或者以青年人的身份去考虑问题。前两天看了博友"美好世界"的《青年教师的化蛹为蝶》和中国教育报《教师已成为富有挑战性的职业》两篇文章后,很受启发,对青年教师培养又有了新的认识。

其中"美好世界"是这样说的:"每年我校都有或多或少的新上岗教师,作为校长的我是看在眼中急在心上,每当听完他们的课后我都会大发感慨,并指出很多不足之处,于是马上拿起剪刀把束缚他们的蝶蛹剪去,把他们前进的方向指明(那是我自以为是的方向,却未想他们的感受)。总想着让青年教师少走弯路,让他们的时间花在刀刃上,让他们的青春更有价值,让他们直接站在我的肩膀上。我一直以为这是一个正确的决定，并且常常在心中引以为傲。

"做校长的可以说教，可以指挥，可以处罚，唯一不能代替的就是心灵的体验。大器晚成的青年教师要在寂寞的岁月中苦苦地挣扎，脱颖而出的青年教师要在炫目的光环和嫉妒的口水中挣扎，拒不认错的青年教师要在一失足成千古恨的遗憾中挣扎，这就是人生的体验。在成长的道路上，所谓的头破血流对我而言或许是失败，但对青年教师来说却意味着离成长更近了一步。"

是啊！青年教师的成长是需要时间，需要经历，需要过程的。有时，我们总是一厢情愿地想让青年教师成长得快一些，再快一些；总是"恨铁不成钢"；但是，我们却忘了每一个老师的经历和基础又不尽相同，我们不可能用一个模式和方法去要求我们所有的老师。就像"美好世界"说的那样，他们的每一种经历、每一个失败都"意味着离成长更近了一步"。

其实，青年教师在学校里承受着更多的压力和挑战。一方面，他们处在自己的"创业阶段"；既为人师，又为徒弟，虽是老师，却还是"学生"；既要在管理上摸索经验，又要在教学上形成风格。多方面的竞争压力汇集在一个时间点上。另一方面，当我们聚集创新人才培养的时候，又多把责任和压力放在了他们身上，期待他们有渊博的知识、创新的精神、人格的魅力和高超的教学艺术；期待他们既保持前辈的好传统，又适应今天的开放和竞争环境。国家的未来，家庭的希望，学生的成长，当社会把很多光环和崇高赋予他们的时候，也把太多的期待和压力聚集在了他们身上。

上海北郊中学校长郑杰曾说：差的老师是惊人的相似，而优秀的老师却各有不同。是说，差老师有一个共同点，就是缺乏责任心和工作热情；而好的老师却各有各的教育特点和教学风格。基于此，我们在青年教师的培养过程中，着重点应该放在教师的职业精神和职业道德的养成上。而在专业成长方面，就让他们在"上课时要在多讲一步还是少讲一点，是让学生摸着石头过河还是老师大显神通中挣扎；班级管理中要在德育为首还是智育为先中挣扎，要在漠视多数好的和纠缠于少数"差"之间挣扎……"

就让我们的青年们在"挣扎"中健康地成长吧！

教育叙事

一次课堂突发事件所引发的

申淑霞

今天我讲公开课,晨读的时候我还在思考要不要趁学生读英语的时候溜出教室去看看我的课件和教学设计。但想到我昨天已经调试顺利,万事俱备,只欠东风,也就没有请假去多媒体教室。

等我 9:30 来到多媒体教室打开电脑一看,顿时有五雷轰顶的感觉。因为我花了两天时间设计的课件和教案都被同事当做病毒删除了!学生已经按我的通知如期来到了多媒体教室坐好了,我想尽一切办法试图恢复我的课件和教学设计,但都是徒劳。以我目前的水平仅限于从回收站里把它们找回来,可是同事连回收站也清空了。怎么办?我头都大了。心想:"干脆打电话告诉教导主任把我今天的公开课取消算了。"但转念一想:"不行,周一的全体教师会上都公布了本周由我今天代表高年级段讲公开课,如果我贸然请求取消,校长一定认为我胆怯,其他同事也一定会小瞧我们高年级段。"没办法,只好拼了!我命令自己在最短的时间内找出解决问题的办法。看看表,离我上课不足半个小时了,我必须在 30 分钟内设计出新的教学设计和课件。

"人到事中迷",这话说得一点也不假。之前的授课环节我倒是还清晰记得,可问题是要我在这么短的时间内把那么多字打出来却非易事。我想到了一个现在看来最愚蠢的举措——从网上搜了一篇教学设计,虽然这个教案与我事先设计的相比缺少了几个重要的环节,但是时间不允许我多加考虑,只好因陋就简,根据这个教学设计开始制作课件。此时听课的老师已经陆续进场了。我不敢抬头和来人招呼,只顾埋头和时间赛跑。就在跑上三楼把我的教学设计打印出来又跑回教室的时候,我惊魂未定,上课的铃声就响了。别看我面带微笑地对学生说:"上课!"其实,我心里乱透了。只是祈祷这节课能把损失降到最低,别丢了我们高年级段的脸。

一波三折的教学过程

我今天所讲的是人教版新教材小学六年级语文第八组的第一篇课文《伯牙绝弦》。

一张精美的图片伴随着古筝曲《高山流水》出现在大屏幕上,图片上画着两个人,一个是俞伯牙,正在在那里专注地弹琴;另一个人是他的挚友钟子期,他正站在旁边闭着眼睛用心灵去感受着音乐的魅力。台下的学生和评委都深深地被这个开场白所吸引。在这个空当,我匆匆地把教学设计记忆了一下。在场的没有人知道这是我第一次看到打印出来的这节课的教学设计!

根据这个教学设计,接下来带领学生初读课文,整体感知伯牙绝弦。这个环节进行得还比较顺利,因为我的学生在朗读方面还是有很扎实的基本功,平时我也很重视学生读书能力的培养。在充分读通文本的基础上进行第二个环节,解读伯牙绝弦。这个环节相当糟糕,此时才开始提及"伯牙绝弦是什么意思",我已经觉察到环节的本末倒置,但事已至此,只能硬着头皮讲下去。一波未平,一波又起,更离谱的事情还在后头。在第三个环节"再解绝弦",体会两人深厚的友谊的时候,我蓦地想起这是我们班的学生第一次学习这篇课文,学生根本就不了解其中那些语气词的意思。我心里明白,为了让听课老师感受到我的学生是第一次接触到这篇课文,说明我们这节课不是在作秀,我的学生是在一个小时前才知道我今天讲课的内容。如果这些生僻的词语不讲解,势必影响到下面环节的进行。无奈,我随时插入了文中两个语气词的讲解。也正是这个部分,在后来的评课过程中受到最多的点评。我心里一紧张,连后面第四环节"感悟绝弦"中,引出明代小说家冯梦龙的小说《俞伯牙摔琴谢知音》中俞伯牙来到钟子期的坟前所吟的悼词的"悼"字都读错了,按照我们登封的方言的读法读成了三声。当然,在这个环节当中,除了这个小小的失误之外,还是很成功的,我的学生依靠自己扎实的基本功把俞伯牙在钟子期死后那种悲痛的情感展示得淋漓尽致。最后这节课在学生配乐诵读文本中结束。

实事求是的评课

终于,一节课稀里糊涂地讲完了。该评课了,我做好了充分的思想准备,准备接受全方位的"炮轰"。自己把课讲砸了,接受批评指正也是应该的,我自己给自己打预防针。没想到,以往唇枪舌剑的同事今天都这么保守,他们只是针对这节课上所出现的问题发表了自己的看法。主要包括:

一、课程环节设计太乱。正在剖析课文的时候突然处理生字词,这不合时宜。

二、教师本身的基本功没有展示出来,没有为学生激情范读。这个环节在我事先设计的教学环节中是有的,但是从网上下载的那篇"教学设计"没有这个环节。

三、《高山流水》这个乐曲应让学生闭着眼去欣赏。这个我不赞同，一是学生目前还达不到能够从乐曲中感受到高山流水的空灵之感。二是时间不允许，一节课只有三十分钟时间，我不可能拿几分钟让学生来欣赏这支曲子。不过可以让个别学生配乐诵读课文。本节课的最后一个环节就是让学生配此曲诵读课文，不过学生太多，声音太大，把音乐的声音盖住了，这一点是我在设计的时候没有考虑到的。

在这次评课中，校长的点评使我感触良多，不仅使我从他的话语当中感受到他对我教学工作的指导，而且让我从中感受到他对我寄予厚望。他点评的大概内容如下：

一、上好一节课目的性要强。

二、精心备课，锤炼自己的教学语言。

三、这个班级让人感到浓浓的学习氛围，这对今后教学工作的顺利开展是个好兆头。

四、努力打造自己的精品课堂。

说到这里，他提出要我在备课上下工夫，他要在期中综合训练结束之后听我在其他班再讲这节课。

听了校长这番话，我觉得自己这节课虽然讲砸了，但是也从中展示出了我扎实的基本功。他认为我教学的特长应在文言文方面。目前，我校各种课都有能打善战的精兵强将，可以说上级随时来听课，选任何课型任何一课都能往学校脸上贴金，唯独文言文方面一直是个空白。看样子，他是要我在这方面努力钻研，将来也能独当一面。我倒不在乎什么表面上的东西，我觉得以我在古典文学方面的造诣做到这一点也不成问题，而且我也喜欢文言文。所以，我一定要啃下这块硬骨头。不为别的，就为校长这番鼓励我也不能让他失望。

教学反思

  这是一篇重点课文,是学生在进入六年级后接触到的第一篇文言文。由于学生是初次接触这篇课文,其中必不可缺的是对于文中生字词的处理。但是我的这节课中没有这个环节,这是一大失误。课件展示出课题的时候没有及时板书。屏幕上的课题不能代替教师的板书。太相信学生对文本的解读能力,没有激情范读把学生的情感激发出来,这本来是我的强项,我应以激情澎湃的诵读感染学生,使学生真切地走近文本,体会俞伯牙和钟子期之间深厚的友谊。不能单纯地依靠自己对本班学生的了解而删去范读的环节,因为听课的老师并不了解你心里对学生的熟知程度,即使学生能如期地解析文本,也要把这个环节展示出来,这是教学程式的需要。教学课时不明确,这也是我现在仍然困惑的问题,如果一课时把所有的任务都解决那显然不现实。但如果只讲第一课时,完成简单的理解生字词的含义,熟读课文,又与当前所提倡的大容量课堂不相符。这节课上砸了,从表面上来说与课件和教学设计被删有很大的联系,其实也暴露出了三方面的问题:1. 自己的应急措施做得不够。2. 随机应变的能力太差。3. 教学基本功不扎实,不能迅速地理清教学思路,一味地依托手里的教学设计。

  凤凰涅槃,浴火重生。今后要提高自己的心理素养和应对突发事件的能力,练就扎实的基本功,打造属于自己的精品课堂。

  "心还在,梦就在,大不了从头再来……"

不得不说的遗憾

时朝莉

七点多,涛涛的爸爸给我发短信:时老师,涛涛又病了。要请一天假。

这样的情况,出现过好几次。翻开手机收件箱,我发现,上周一涛涛也请假了。而且我还发现,周日的日记孩子没有完成。

这次会不会是故技重施呢?还是真的另有隐情?

我问赵老师,今天讲什么,她说,统计,新课。

语文今天也要讲十八课,还有晨诵、写字、阅读课。

想了又想,我给涛涛爸爸打电话,问他到底怎么了。涛涛爸爸说,孩子肚子疼。我说,看病了吗?他说,没有,在家呢。

涛涛爸妈都在附近工厂上班。他说的在家,也就是说,把孩子锁到家里了。

我问,星期六星期天,日记写完了吗?

他说,好像写完了。

我说,要不,你还是把孩子送来吧,我担心他作业没有写完,以此为由,装病呢。如果是这样的话,对他的发展有点不好。

涛涛爸也沉吟了一会儿，说，好吧，我下午把他送过来。

我忽然发现，这样说，好像是不关心孩子的身体情况，或者说，把孩子想得太坏了。好在，涛涛爸是非常开明的家长，是家长中的表率。

想了想，我说，这样，等下你不忙的话，回家看看孩子，看看在干什么，是病了，还是在家玩。如果是病了，孩子一个人在家也不行。

涛涛爸单位离家很近，骑自行车也就几分钟路。

到了九点多，涛涛爸把涛涛带来了。看到我，他笑着说，时老师，好像真像你说的那样，有点装病的意思。我回家了，他在写作业。

我们说话的时候，涛涛不在身边。

写作业倒不可怕。我怕的是，他在家玩电脑游戏。还好，没有我料想的那么严重。

涛涛爸说，早上，他捂着肚子，可是捂的是骨头，说肚疼，拖着不想上学校。他和涛涛妈急着上班，也就由着孩子去了。

我说，以后他再说肚子疼，就带他去医院检查，治疗。这样，他也许就不会轻易地说谎了。

涛涛爸笑了。

他走了以后，我心里想：周一对孩子们来说，就那么恐怖吗？对我们而言，很轻松的作业（日记、写绘、口算题），对孩子怎么就那么难呢？

有两次，因为孩子没有写完作业，发过脾气。可那是很久以前的事情了。现在，我经常给孩子们说，你学习，不是给老师学的。如果你不想做，可以说不。而且，我也没有为此而惩罚谁。我只是表扬榜样孩子。

为什么涛涛周一总是不想来学校啊？

这个问题，该怎么解决呢？

而且，我发现，第三节下课，涛涛居然兴高采烈地跟其他孩子玩起了游戏。

第四节语文课，写完了作业，我对孩子们说，我要给你们讲一个故事。孩子们立刻把小身子坐得笔直。目不转睛地望着我。

我说：新的一周，森林学校又要开始上课了，羚羊老师满心欢喜地期待见到孩子们。可是，小动物们可不完全这样想。

小鹿莉莉、小象天天、小兔静静是很盼望上学的，因为他们在家完成了特别漂亮的写绘、写了特别精彩的日记，还做了很棒的手工，他们迫不及待地想要大家欣赏他们的劳动成果。

小狐狸欢欢、小猪唏哩呼噜、笨狼、小松鼠萍萍他们倒也不紧张，因为他们都完成了作业。所以，背着书包，戴着红领巾，开开心心上学了。

小熊涛涛可不是这样的。爸爸正要送他上学，他忽然捂着肚子，哎哟，哎哟，叫个不停。

涛涛妈妈急坏了：怎么了，宝贝？忙不迭地问孩子。

涛涛说，妈妈，我肚子疼……

爸爸说，肚子疼，去医院看看吧？

他连忙摆手，说，不用上医院，吃点药就好了。

爸爸和妈妈一看表，哎呀，快迟到了。尤其熊爸爸，更是着急，他是森林加工厂的经理，一堆事情等着他去完成呢。

想了想，他说，好吧，你在家吧。

到单位了，熊爸爸给羚羊老师发了短信：羚羊老师，涛涛又病了，请一天假。

这时候呢，羚羊老师正带着小动物们晨诵呢，他们变成了一朵白云，在天上飘啊飘，又和月亮捉迷藏，最后，变成了小动物们，回到了教室里，开开心心。

收到信息，羚羊老师说，好吧。

涛涛呢？爸爸妈妈锁上门走了后，他立刻笑起来，笑得肚子真的疼了，笑得眼里都有了泪水。哈哈，终于可以多休息一天了！他美滋滋地想。

而小动物们呢？这时候正聚精会神看着羚羊老师用几枝粉笔，在黑板上画出了神奇的鸟岛。每完成一幅画，小动物们就惊叹一声：哇！他们太高兴了，可是，小熊涛涛一点都不知道。

羚羊老师下课了，梅花鹿老师又带着小动物们测视力，学统计，小动物们还是特别高兴。可是，涛涛一点都不知道。

讲到这里，我问孩子们：小熊涛涛可怜吗？

孩子们点点头，说可怜。

我说，是啊，真可怜，错过了这么多美好的东西。那小熊涛涛是真的病了吗？

孩子们摇摇头，七嘴八舌说开了："没有病，他是骗老师的。""他不应该骗老师……"

我制止了孩子们的发言，问涛涛：涛涛，你说，小熊是肚子疼吗？

他说，不是。

我问，那他为什么不去上学啊？

他说，他作业没有完成，想在家补作业。

其他孩子笑嘻嘻的，还有些孩子偷偷说，"小熊涛涛"就是涛涛！

我遗憾地说，是啊，涛涛因为周六周日贪玩，作业没有写，就装病，可是他不知道，他错过了那么多好玩的、有趣的、精彩的内容。

我问涛涛，你猜猜，小熊涛涛以后还装病吗？

他摇摇头，说，不了。

中午吃饭，他端了一碗卤面，看到我，笑了，眼里闪过一丝羞赧和淘气。

我也笑了。

晚上，我在想，我这样的处理也许还有些不当，我竟然让孩子们都听出来了，故事的主人公就是涛涛。那么，我是不是应该讲得更委婉些？

一个故事，还是不能从根本上解决孩子的问题。孩子之所以不想写日记，有贪玩的原因，更重要的是，他没有从这项劳动中得到乐趣，并把乐趣转换为更积极的行动，在劳动中获得自信，享受劳动和创造的乐趣。或者说，我在教育过程中，并没有真正地培养和全面发展孩子的个性。

昨天，马老师在群里说，作为老师，要给孩子的生命中倾注什么呢？这可真值得琢磨。虽然我们一直都在努力，可是，究竟我们给孩子们的生命中倾注了什么？我们要教的和我们实际教的，一样吗？

学校里所做的一切，都应当具有深刻的教育意义。班级不也是同样吗？我把晨诵带给孩子们，我和他们一起读书，一起唱歌，可是，也许，生命的最根本处，最需要的营养，我实际上并没有带给他们：比如强烈的学习的愿望……

此时此刻，越来越明白马老师说我错过了《给教师的建议》是一种遗憾的意思。

真是一种遗憾。

好在，从现在开始，也许并不算晚。

我的学生小川

刘跃峰

时光荏苒，想起1999年那会，我23岁，正值意气风发的时候。当时我在平陌一初中任初二（3）班班主任。有一天，学校领导领着一个女孩来到办公室，说是个插班生，叫小川，要进我们班。我仔细打量了一下：个头不高，十二三岁，衣着整洁，梳着马尾辫，额头稍宽，五官娇小玲珑，特别是那眼睛，没有一丝新生的胆怯，却透露着几分机警。

没想到进班后第一次考试就让我叫苦不迭，小川居然考了个班里倒数第一。除了语文之外，其他学科几乎什么都不会，我有点后悔收了她。

经过与她交谈，我知道她初一没有上完就辍学在家了。好在她学习还努力，而且聪明，刚来就在班里结识了许多好朋友，老师和同学都热情地帮她补习。

不久后的一个中午，我正在住室休息，突然一阵急促的敲门声把我惊醒："老师，不好了，小川喝酒喝醉了，正在骂政教处值班老师，你快去看看吧！"我赶紧翻身起床，飞快地跟着学生来到餐厅，那里已经围了很多人，小川正在撒野。我把她带出人群，安排在寝室睡下。可是我的心已经忍耐到了极点。

"不要了,让她走吧,从来没见过这样的学生,女孩子还会吸烟喝酒?这不是野孩子嘛!这家长是怎么当的,怎么教育的?"家长来了,我非常不客气地抱怨着。

此时,她的妈妈才说出了事情的真相:原来,这不是她的亲生女儿,是刚刚在登封走亲戚时捡来的,当时看到这个孩子很可怜就带回新密收养了。这孩子身上的坏毛病她并不知道,不过她表示会好好教育的。

经过家长的介绍,我原谅了小川,同时一种迫切了解她不同寻常经历的想法在我心中形成。

"我们共同努力吧!"我对家长说。

在随后和小川的谈话中,我才真正知道了这个可怜的孩子的身世:她是吉林省人,一岁时由于父母不和,狠心的妈妈跟别人出走之后就杳无音讯,从此后由奶奶抚养。在她五岁时奶奶去世,她的爸爸带着她来到河南登封打工谋生。爸爸上班挣钱供应她在城里上了小学,初一刚上了一学期时,爸爸失去了工作,她就不得不辍学在家。前不久,新密的一户非常有钱的人家在去登封时遇见她,见她可怜,收养了她,取名叫小川,因为命中缺水,故名叫川。

没有母爱的孩子,过的是一种什么样的生活啊?

在我的苦心沟通下,或许是被我的真诚所感动,小川含着热泪向我讲述了她的故事:

"爸爸上班时,就我一个人在家,没有什么玩,经常就去溜冰或者去游戏厅打游戏,所以学会了吸烟喝酒。爸爸很少管我,只是告诉我为了不让别人欺负,就要学厉害点,所以我从小就爱骂人。

"爸爸给我找了一个后妈,美容美发店的,她有自己的孩子,听说她花了我家很多钱,也不同意和我爸结婚,她从来不让我叫她妈妈。

"我经常晚上一个人在街上遛逛,困了就睡在城门的石狮子下。有一次晚上我躺在小树林里睡着了,一条蛇爬到我身上,吓了我一跳。

"我爸爱打牌,整天钻在麻将室里,也不上班,家里没有钱了。"

过着有人疼爱的日子,可以无忧无虑地上学,这些在别人看来再平常不过的事情,对她来说几乎是一种奢侈。与别的同龄人相比,这个只有十二三岁的小女孩心里承受着多大的痛苦啊!

我知道小川尽管现在衣食无忧,可以像其他同龄人一样在学校学习和生活,可是她无法抑制对于爸爸的思念。

此刻我已经原谅了她所做出的喝酒、吸烟等举动。

她的身世渐渐被老师和同学们了解,同学们都对她进行了倾其所有的帮助。小川也很懂事,很听话,在学习上非常努力,成为班里进步最快的学生。

一切似乎都朝着美好的方向发展。

小川的养母以去给小川拿衣服为名义,带上我一起去了登封。我第一次见到了小川的亲生父亲:年龄有三十出头,清瘦、干练、精明,让我怀疑这样的人怎么可能没有了家庭,怎么可能养不住自己的女儿?

可是这个给我印象很好的男人却让我难以从他的眼神中找到生活的自信和勇气。

我也第一次亲眼目睹了小川原来的家:租来的一间不足10平米的房子,只有一张床,做饭的煤球火和炊具都是放在地上的,仅有的几件衣服也都在床下堆着。

小川的养母让我去无非就是做一个见证:"孩子我们会好好对待她,保证她会幸福的,吃穿都不用愁,只要她有能力考上大学,我们会供应她到大学毕业。但是有一个条件:不允许你去见她,不要和她联系,也不要到学校找她。"

这在某种程度上说就是把我绑在了她的战车上,如果这孩子有了问题,我也有一定责任。这是一种富人对穷人的不信任,或者是人与人之间相互提防产生的不信任,反正我心里有点别扭,我不怀疑小川养父母的好心与善意，但是我的心已经向她的亲生父亲倾斜。难道一个贫穷到极点的人对一个拥有千万资产的家庭真的会产生威胁吗？我不敢断言，毕竟这是他们的事，而且他们见过世面多了，或许他们是对的。

只是临别的时候，她的爸爸没有表现出痛苦，也没有表现出高兴。小川也是如此，父女之间竟是如此的离别场面，而又竟然如此的默契。我猜想他们内心一定是痛苦与幸福交织着的，如果不是生活所迫，谁愿意将自己唯一的亲生女儿送人？如果不是生活所迫，谁愿意离开自己的亲生父亲到别人家里求活？他们没有表情的表情反倒给了小川的养母一丝不安。

回来后，小川学习更加努力了，几乎达到如饥似渴的地步。期中考试小川竟然考到全班里的第19名。这个初一一半知识都没学的学生竟取得这样的成绩在学校引起了不小的轰动。小川成了全校的名人，很多人都以她为榜样，特别是一些对学习没有了兴趣的人，也树立了学习的信心，她的养母也很高兴。我甚至认为只要她努力，将来再前进到前10名是可以期许的。

可是，就在考试后不久，小川没有来上学，打电话一问才知道：她被送回登封了。

为什么？

小川的亲生父亲违反了双方的约定，来新密见了小川，她的爸爸偷偷把她叫出去在街上见了一面。这样简单的原因却导致她养父母最终坚定地放弃收养她的决心，这是他们最忌讳的事情了。

可以想象饱受生活折磨，心力交瘁的人让仅有的一位亲人远离自己会是什么感受？可生活就是逼迫这对远离家乡，相依为命的父女骨肉分离，亲情难续啊！爸爸应该是真的想他的女儿了。

或许他们这点要求在别人看来是微不足道、天经地义、合情合理的，可是在她的养父母看来是不可原谅的。这是他们的底线，不允许有一丝一毫的僭越。他们是真的想尽力帮助这个可怜的孩子，但是他们要帮助的仅仅是这个孩子一个人，而不包括她的爸爸。

有时生活就是这样把人一步步逼向绝路的，没有太多的理由。

小川又一次辍学引起了我们全班同学感情的爆发，他们竟然做出了一件连我都意想不到的事：集体从一周微少的生活费里抽出一些钱来为我捐路费，让我去找小川，必须让她回来，能够像他们一样完成学业。

于是我做了从教以来最远的一次"家访"——从新密到登封。

可惜的是我到了登封并没有见到小川，她已经搬家了。通过打听，我终于在一个卖菜的老人那里问到了一点线索：小川有时会来买菜。我请求老人把卖菜的木斗翻过来，我在上面写下了留言："老师和同学们都很想念你，希望你能回来读书。"然后留下了我的联系方式。

后来，她真的回了电话，告诉了我她新的住址，并说爸爸确实没钱供她上学了。

应同学们的一再要求，我又进行了第二次"家访"：这次还是没有见到小川，只见到了她的爸爸。我讲了许多自以为无懈可击的"大道理"，他却一直都没有正面回应。只是在最后出门送我的路上，他操着极重的东北话说："刘老师，你知道我是怎么活的吗？没有了小川，我活着还有什么意思？每到晚上我内心就焦虑不安，就像狼似的四处转悠。"他把自己比喻成狼，我当时非常吃惊，所以我印象很深。

回来后，同学们就不再提让她上学的事了，我们班也很快平静下来。

临近期末的一天，窗外飘着好大的雪，马上就要放假，学生们都回家了。突然我宿舍的门被推开了，是小川！

这次是她私自从登封跑回到学校来的。

"老师，我想上学……"她没有说完，眼泪就流出来了。这是我第一次见这个坚强的孩子流泪。

不论生活多么艰苦，都不曾见她哭过。记得她曾在日记里写道："我要是不高兴，我就总是坐在火车道上吃东西，我要把所有的烦恼都吃掉，等我吃饱了，我的心情就好了。"我曾经把她的这篇日记在班里念过，所以印象很深。

"你带学费了吗？"那时还没有实行免费义务教育，放假前就意味着要交下学期的学费了。她告诉我她靠打工挣了200元钱，放在窗台上，本来是准备交学费的，不料被她爸爸拿走赌博了。

面对着这个无助的孩子，我陷入了深深的矛盾当中，我深感作为一名教师力量的渺小，我们老师实在是见到太多太多这样让人揪心的事了，可是我们却又无能为力，尤其在农村学校里。这时我想起了许多老师对我的劝告"算了，你帮不了她"，想起了她的养父说"既然她已经不在我们家了，希望老师不要收留她"。

最后小川是怎么离开我宿舍的，我已经忘记了。只是记得她在回登封的路上到了下庄河时用公用电话给我打了最后一个电话，说雪下得很大，路上没有车了，只有"依维柯"。"依维柯"是当时最高级的客车，车价很贵。我当时还是咬咬牙说："坐上走吧！"

从此以后就再也没有她的消息了。

我想，她的最后一次电话可能还是希望我能够对她说："回来吧！"可是我没有，我是不是做了让她放弃上学希望的最后一根稻草？

可是作为教师，一个普普通通的同样挣扎在生活线上的人，一个靠着别人给你发的一点点薪酬才能勉强维持生活的人，我应该怎么办？

现在，我的那一届学生大部分都已经结婚生子。每每我们见面总要提起小川，她是我们大家永远的牵挂，她现在怎么样了，应该是有出息了吧？因为她经受了那么多生活的磨砺和考验，而且又是一个绝顶聪明的孩子；如果上天公平，应该让她过上幸福的日子！可是我还是时常为她担心，她的爸爸不也是一个看上去精明的人吗，生活又如何呢？

有时我想，我只是一个老师，一个学生人生路上的过客，为了他们操这么多的心，值得吗？

　　我还想：对于小川来说，上学是为了什么？学的知识能充分地表达思想或许对她来说已经够用了。我和其他老师还有为她担心的同学们给予她生活的信心和关爱，她应该满足了，她得到了真正的教育。

　　现在只能祝福她，我的学生一生幸福了。

我的教学故事

李 环

教书已经快二十个年头了，故事攒了一箩筐，真要讲，还需要静静理理头绪，不然就是一团乱麻，不知从哪里讲起。撷取几朵小花，权作我的故事，以就教于大方之家。

一、欣赏我的学生

爱学生是一定的。首先，学生可爱。单纯如学生，认真如学生，公正如学生，生动如学生，我们在成人世界中逐渐遗失的人性中最真最美的东西学生身上还在。所以我认为最复杂的学生也比成人简单坦荡，我爱我的学生。其次，学生可造就。青春好年华，黄金好时代，多种可能，多样精彩，我能够参与学生最美的成长阶段，能够引导能够矫正能够爱他们并教会他们爱亲人爱社会爱人类，我觉得我的存在因他们而有了意义，我欣赏我的学生，我感激他们。我也有遗憾，因为我可以做得更好。

有人说教育是遗憾的艺术。有些遗憾需要慢慢体会才能悟出，没有时光磨砺，没有用心去呵护学生的心，遗憾就会沉睡在过去，不会苏醒。很长一段时间里，我的学生大多数是来自农村的孩子。我在农村长大，很知道农民父母的不易，很懂得农民父母的期望，所以我对学生更多了份急切的期待和沉重的严格。

记得刚参加工作不久,一个个子很矮的女生,因为生理的缺陷、家境的贫寒很自卑,我鼓励她、激励她、帮助她,她很聪明,进步很快。我盼着这个学生能考上大学,从而走向通畅自立的人生路。可是在进入高三的关键时候,我发现她开始迟到,上课说话不听讲。我细心观察,发现她最近经常跟着几个调皮男生出去吃饭,和家长联系沟通后得知她最近花销剧增。我找她谈话,她答应改正,可是依然我行我素。我希望家长配合,控制她的花销,能够让她把心收回到学习上来。我不断地找她谈心,希望能走进她心里。她敷衍着说知道老师为自己好,可是行动上仍执拗地反叛着:拒绝学习,拒绝守纪律,拒绝敞开心扉。我着急了,失去了耐心。在她又一次课堂不听讲时,我在班上公开批评了她,把我恨铁不成钢的失望表露无遗。我讲:不珍惜上学的机会,不珍惜父母的付出,来到学校不学习,还不如回家帮父母劳动,减轻父母的负担呢。我固执地认为,作为农村贫困家庭的孩子,更是家庭的希望,不好好学习是没有理由的。这个学生不久就不上了,当然因为荒废了学业,她考学也是没有希望的。回家帮助父母干些力所能及的事情,也是这么大孩子的责任。可等我教学的时间稍长,等我接触的学生稍多,等我明白的教育教学规律稍多,我就开始深深自责。粗暴简单地对待这位学生,没有走进孩子心里,是一个教育工作者的失败。这个孩子成了我心中永远的遗憾,永远让我自省检讨修正我自己的教学实践,我不断地问自己:你是不是可以做得更好?

记得教过这样一个学生,个子高大,坐在座位上,课桌塞不下他的大长腿,总要把脚伸到过道里。每位老师上课,他的眼睛都呈木刻状,不听讲,与周围的世界似乎隔绝。他的班主任用《祝福》里鲁迅描写祥林嫂的语言来形容他:"眼睛间或一轮,证明他还是一个活物。"连我的语文课他也是不听,课本都不翻。我每次上课都耐心地提醒他翻开书,书是翻开了，可是我看到他的神已经不在课堂了。课下交流，知道这个学生喜欢看科幻小说，我就建议他在课堂上看，并且布置任务，让他创作科幻小说。作文课讲评上，我在班上念他的作文，对他的文采和出色的想象大加赞扬。要知道，他的基础实在是不好，写的作文语句不通，结构松散，立意稚嫩。但是只要有一点可取之处，我就放大了来表扬。我私下告诉他，他还需要注意积累，需要锤炼语言，他的文章可以更好。后来我发现奇迹出现了，在课堂上，他的眼睛开始发亮，文章写得越来越好，高考语文考了一百一十六分，最关键的是这个孩子通过学语文，增强了自信，高考考上了警察干部专科学校，毕业后成为一名优秀的警察。

这个学生的经历让我感觉很奇妙，我似乎悟出来点什么：原来好学生是可以夸出来的！以前对这样的学生我可是比这花费的时间精力还多，苦口婆心，围追堵截，恨不得自己是救世主，梦想就是把学生身上所有自己看不顺眼的行为进行改正。可是，实践证明我不是救世主，违反了事物的客观规律，结果肯定会受到"惩罚"。金无足赤，人无完人。世界上并不缺少美，缺少的是发现美的眼睛。让学生多接受表扬和鼓励，就相当于给了学生自信和勇气，他们会有更加积极向上的动力和热情，有利于他们用良好的情感对待自己和他人。在鼓励学生的时候，为了保证鼓励的价值，鼓励要合理、及时，用更多鼓励的语言和情感表达对学生的肯定，建立与学生良好的互动，构建师生和谐的情感，用鼓励去激发学生的潜能，再深入利用学生身上的闪光点去修饰学生的不足，好学生是可以夸出来的。

长大是个漫长的过程，要给学生长大的时间，给他们长大的机会，不急功近利地给学生下结论，不以爱的名义伤害学生的尊严。除了爱学生，除了严格要求学生，还需要耐心地等待，需要给学生前进的信心和勇气。这个年龄的学生，我们讲的道理他们都懂，可是真正明白得他们自己明白，成长是他们自己的事情，我们和学生家长一样是学生人生跑道边上的拉拉队员，我们能引导，能加油，但是我们不能代替学生跑，所以有些跟头得他们自己摔，经历了坎坷，他们才能自己掌握前进途中的平衡；前面有希望，他们才会努力向前进。教育是艺术，它需要我们技高一筹，它更需要我们有灵性有耐心有反省。这样看来，遗憾也不全是坏事情，它让我们多从自己找原因，让我们很容易就能找到解决问题的办法。允许学生犯错误，心疼学生问题背后的焦灼和迷惘，不吝惜自己的欣赏和赞扬，用心去引领心灵，我发现，我能逐渐走进学生的心里。

二、冲动是魔鬼

"冲动是魔鬼"是小品演员郭冬临在春节晚会演出时的一句非常经典的台词，我感觉很有共鸣。在我每次忍不住要发火时，我就念这句话，就像孙大圣听到师父念紧箍咒一样，每到此时，我马上清醒。这么多年的教学经验，让我明白一个道理：冲动是最愚蠢的表现。面对学生出现的问题，教师的情绪一旦冲破理智的闸门，先声夺人，大发雷霆，学生可以鸦雀无声，当时也许能镇住场面，但是过后后悔的绝对是教师自己。火大伤身，首先对身体不利；其次学生口服心不服，在思想和行为上难以有共鸣，很难保证问题能圆满解决。

我是个急性子，遇事爱冲动。为此，我经常很自责。去年在课堂上，提问一个学生，她坐在座位上回答说："我不会。"这个学生在分组讨论时不参与，表现得不合群，另外听讲不专心，时不时说话，我就想换一种方式提醒她参与课堂。我提醒她站起来再把刚才的话重复一遍。连续几天提问她，她都坐在座位上说："我不会。"我忍不住火，批评了她。师生之间的尊重是相互的，站起来回答问题也是学生应有的礼貌。我在气势上压倒了学生，全班学生都静静地在听我讲我的道理。可是发过火，我就后悔了。我告诉学生讲，老师刚才不对，不该发火，更不该在全班同学面前发火，即使有错，课下批评一个同学就可以了，不能让大家陪着挨批评。我看到有学生点头。我很庆幸我及时克制了我的怒火,对一个问题,学生是有自己公正的评判的,学生有错在先,老师不能有错在后,毕竟我们是教师,是成年人。

课下,我找这位同学沟通交流。原来这位同学在北京上的小学初中,对这里的老师同学感觉陌生,情感上有些抵触。每颗心都是一个海洋,洞悉学生的思想和行为表现,才能感受到海洋深处的潜流涌动。青春期的孩子,敏感脆弱,偏激叛逆,个性张扬,可我允许学生不一样,允许学生去大胆地张扬自己的个性,我发现学生和我更亲了,课堂气氛更活跃了,情感共鸣更融洽了。尝试改变之后,居然发现其实换一种方式也能起到想要的效果。在学生身心健康,遵守校规校纪,具有正确的人生观和价值观的前提条件下理解并支持学生的观点和意见,充分发挥学生主体的能动性,学生像我期盼的那样,越来越向我期望的方向发展。

真诚沟通能走进学生心里,包容不同能给学生发展的空间。后生可畏,我一直这样认为。我相信我的学生的人生会比我精彩,我经常这样对学生讲。面对学生的问题,幽默机智才是真正的智慧。我一直知道,太过认真,我不是一个幽默的人。不过,遇到问题,我一直提醒自己:冷静!冷静!一定有更智慧的解决方法!想想怎么样既能让学生警醒又能维护学生的面子,想想怎么样既能让学生记住又不让学生感觉到枯燥。逐渐我发现我这个不幽默的人,有时也能讲出笑话来,竟然有学生说我幽默,我简直都有些飘飘然了。冲动是魔鬼,镇静是天使,幽默是高等的机智,这么说,我也在改变对待学生的方式的过程中改变了自己,我也有些教学机智了。比如,学生上课睡觉,我说,我相信趴着的同学是陶醉了,不是瞌睡,为了更清楚地区分陶醉和瞌睡,请抬起头了,坐直了,别趴下!同学们轻松一笑,睡觉的同学也就不好意思再睡了,接着听讲。再比如,有的学生这样的小幽默也让他坚持不久,他太困了,一会儿还会头垂下,眼睛蒙眬。看到这种情况,我会找个机会和他约定,让他睡一会儿,然后叫醒他,这样后面的课他就会头脑清醒地听了。实在不济,和学生沟通后,他真是不舒服或者昨晚失眠,这节课我都会让他睡。这样下节课他就能认真听讲了。学生不是机器,是个体的鲜活的人,实事求是,从实际出发,才能最大限度地让学生在课堂上学到更多的东西。学生想学,是学好的前提;学生在学,是学好的保证。心在这里,他才能学到心里去,他才能感受到老师的良苦用心。法国学者让·皮尔指出:"幽默是一种抚慰人生的善意的微笑。"我想幽默是个法宝,让学生在教师幽默艺术的碰撞下豁然开朗,使学生认识透达事物的实质,让学生自己顿悟,调侃自己允许别人调侃自己,会幽默,能够理解幽默,学生不仅能够学到与他人相处的智慧,也能体会到通达透亮的人生真趣。

三、吾日三省吾身

"学然后知不足,教然后知困。"从教已近二十年,面对新课改,面对个性纷呈的学生,没有驾轻就熟的轻松,反倒有心虚胆怯的沉重。教学成绩说得过去,学生评教也不落后。可是,教学成绩也没有好到哪里去,课堂上仍有学生眼睛不亮,精神不振。我好像感觉自己江郎才尽,停滞不前了。我开始寻找问题的症结。我必须反思自己的问题自己的不足。反思能使人觉醒,只有觉醒也才会有更有效的行动。

记得教 2005 届时,学生告诉我:"老师,我们班某某同学很崇拜你!她很崇拜你的口才,说话都模仿你呢!"我没有陶醉,我警醒自己:口才好,也许在我已经是个缺点了。自以为口才可以,让课堂变成了我个人展示才情的舞台。有掌声有粉丝,可是我没有成功的踏实,因为课堂这个舞台本是属于学生的。我才应该是台下鼓掌的观众。从此,我时常责问自己:你是不是又喧宾夺主了?悉心研究教材,精心设计教学,学生反应良好,课堂气氛活跃,课就讲得精彩吗?我对生活有热情,对文本有激情,再加上语言有感染力,学生仅仅是被我的热情感染而已,学生成了旁观者、局外人。我也尝试过把课堂还给学生,提出一个问题,学生沉默如金,几番引导,眼看一节课白白流走,教学任务还远远没有完成,我再也没有耐心等待,便只好又开始滔滔不绝。于是,就这样恶性循环。在新课改的形式下,原来的经验成了束缚,原来的成功成了包袱。我逐渐认识到:学生主动思考的体验是最重要的,应让学生在主动积极的思维和情感活动中,加深理解和体验,有所感悟和思考,受到情感熏陶,获得思想启迪,享受审美情趣,要关注学生独特的感受、体验和理解。教师应创设问题情境,通过问题刺激学生自觉学习,点燃学生智慧的火花。因为人皆有脑袋,皆有学习知识、探求真理的物资条件,如果有善于播火的教师,定会燃起他们求知的圣火,定会照亮蒙昧、驱除愚蠢,获得智慧探究的硕果。

课堂应该如何设计,我一直很苦恼。高中语文的课文一般都比较长,除了在预习中,学生粗粗地读一遍课文外,课堂上很少有时间让学生朗读课文,毕竟课堂时间宝贵有限。课堂上只来得及蜻蜓点水点几处,也可能找几个学生读几段,或者齐读一段,课堂上有读书声,然后就是热热闹闹的讨论分析,一板一眼,环环相扣。可是,诗歌的意境,散文的灵气,小说的底蕴,学生没有与文本充分直接对话,他们怎能领会?古人云:旧书不厌百回读,熟读深思子自知。读,是学生学习语文的第一技能,也是语文课堂教学的第一教学法。学生只有结合具体的语言环境,与书本密切接触,主动深入思考,优美的文章对他们来讲才是琼浆玉液,醉人养人。我想,课堂上有了学生的积极主动的理解和回应,书本潜在的意义才能处于不断的被创造性的流动之中,学生的心灵才能与书本中的世界融为一体。所以不能吝惜课堂上学生读的时间,把讲的时间再压缩,让学生读,读出声、读出味、读出精妙,教师的讲才会是升华是画龙点睛。

课堂上应该让学生学什么?我一直问自己。教了很多届高三,对应试的技巧驾轻就熟,有了一些所谓的经验,脑子里有了许多的条条框框,抽象的理论，冷冰冰的原则，用应试的眼光透视文本，准确到位，但是无趣，教来教去感觉不知道教什么了。古希腊哲学家柏拉图说："带着更多问题，而非更多答案去学习。"理想的教学应该是："学生带着问题走进教室，带着更多问题走出课堂。"

语文教师的教学行为要在学生自学过程中产生了不能独立解决的问题的基础上展开，即教学以"问题"的方式对学生进行引导点拨启发，促使学生自主解决原有问题，并不断产生新的问题。教师要善于设计那些有助于学生深入理解而教参上未必涉及的新鲜问题，激发他们自主探索的兴趣，使他们思维的火花进一步燃烧、扩展。爱因斯坦说："当你把学校教给你的东西都忘记之后，剩下的就是教育。"那个应该剩下的配称为教育的东西，用怀特海的话说，就是"完全渗透入你的身心的原理，一种智力活动的习惯，一种充满学问和想象力的生活方式"；用爱因斯坦的话说，就是"独立思考和判断的总体能力"。课堂上学什么很关键，知识的细节不应该是学习的重点，思维的能力才是重要的，作为语文，还应该有情感体验。让学生养成学习、思考、研究的习惯和爱好，让学生感动共鸣受熏陶被激励，语文课堂才算真正活起来，语文在学生心中才有可能活起来，有生命的东西都应该是活的，有心跳有呼吸，非此不行。

困惑很多，不足很多，正视不足让我有了前进的动力和方向。所有的教学故事都是我前行的起点，我必须出发，鼓起勇气，锻炼技能，扬帆起航，驶向教学艺术的彼岸。选择教师这个职业，注定要与时俱进，注定会一生辛苦清贫。很喜欢汪国真《热爱生命》中的这句话："我不想是否能够成功，既然选择了远方，便只顾风雨兼程。"我愿书写更为精彩的教学故事，从而成就自己丰富充实的人生。

请给我一点尊重吧

张 勇

今天一上课,我点名让学生背诵《那片绿绿的爬山虎》一文中自己喜欢的段落。我让学生自己选择了两个段落去背,这个作业前天就布置了,加上今天早上又读了一个早读,大部分学生都已经会背诵。

我先找几个中等生背诵,他们背得虽然不流利,却也勉强过关。我又让小超站起来背诵。他站起来后低着头,沉默不语。

我就问他:"你喜欢背诵哪两个段落?"

他小声地说:"老师,我背的是第三段和文章最后一段,可我还不会背。"

这个学生平时上课小动作比较多,作业也很马虎。我想,全班同学都会背了,这次又是你不会,你怎么总是落后呢?

于是我对他说:"这样吧,你在咱班找个同学背,看看人家是怎么学习的。"

只见他左顾右盼,前后张望地扫视了一遍教室,鼓起勇气说:"我找小程。"一听他这话,我心里有一丝的担心,因为他所说的小程来自外地,父母在外给人家打工,平时只有姥姥照顾她的学习和生活。她的学习也是我们班最差的。我立刻猜到了小超的用意：找个比他学习差的同学来背，如果这个同学背不出来，老师也就不会批评我了。

这时，同学们的眼光也都"刷"地投向了小程。到这份上，我只能让小程站起来背诵。她慢慢地站起来，眼睛红红的。我了解她的学习情况，就对她说："老师对你的背诵任务减量，你只要背诵出一段就行。"

听了我的话，我察觉出她眼里闪过一丝感激。"老师，我背文章的最后一段行吗？"她小声地说。"行。"我给她投去鼓励的眼光。

当小程流利地背诵完后，我感到很惊讶，连班上的同学也感到了吃惊。要知道，以前她背书可都是很落后的呀。这时缓过神的同学都齐声给小程鼓掌。我看到了她眼里闪着泪花。这时最尴尬的要数小超了，他不好意思地站在那，无所适从。我说："同学们，今天小程表现得非常出色，应该向她学习。我也想告诉大家：无论做什么事情，只要自己努力了，就会有收获。"

小程其实除了学习基础不好外，她在劳动、课堂纪律方面还是很不错的学生。

课后，小程给我写了封信，在信中说道：老师，我知道我的学习差，同学们都瞧不起我。像今天的事情我遇到好几次了。我心里很难过。自从您教我们语文后，我很喜欢上您的课。或许您早忘记了在我有一点点进步时，您给我的鼓励。老师，我会更加努力的，只是希望同学们能够给我一点自尊。

没想到一次不经意的表扬竟然会让她记在心里。看了小程的话，我反思了很多：教师在课堂上要给学生特别是学困生以鼓励，哪怕只是一点小小的进步。还要给每一个学生以尊重，这样学生才能有学习的兴趣，才会感受到师生的平等，才能感受自尊的存在。同样同学之间也应该相互尊重，这样他们才能感受到班集体的温暖，建立自信，能够顺利地成长。一旦他们认为在班级中失去自尊，就会失去向上的动力，精神的支柱，由此导致消沉。反之，他们就会获得向上的动力源泉。为此，我们做教师的不仅要尊重学生的人格，采用一切的方式肯定学生，赏识学生，同时也要教育学生学会尊重他人。

以"择婿"、"选媳"的标准培养学生

邓明霞

王老师的女儿26岁了,还待字闺中。同事热心地当起了红娘,把王老师当年的一个得意门生介绍给了她的女儿。

自己的得意门生就要成为自己的乘龙快婿,王老师心里很高兴,第二天就请小伙子到家里来吃饭。

小伙子走后,王老师大失所望地对红娘说:"他上学时,我是多么欣赏他啊!他学习成绩优秀,又特别听话,调皮捣蛋的事准找不着他。现在,你看他的背,明显地驼了,像个小老头儿;你看他那近视眼镜,足有800度吧,以后会影响生活质量的;你再看他说话时细声细气的样子,没有一点阳刚之气,这哪像个小伙子啊;最让我看不上的是他那么古板,一点幽默感都没有,我女儿要是跟这样的人生活一辈子,她上哪儿去找快乐啊!"

王老师的话,字字敲打在我们所有老师的心上,值得我们所有老师思考:我们评价学生的标准和选女婿的标准,为什么会存在这么大的差异呢?

我们培养学生时,重视的是他的成绩,轻易就可以忽略掉他的健康、品行、情趣；我们对孩子不良姿势视而不见；对孩子日渐加厚的近视镜片也司空见惯；把孩子的沉默寡言看成是稳重乖巧……我们一心要为国家培养栋梁之才，顾不上孩子们迥异的个性。我们眼里标准的"好孩子"，就是不惜以失去一切代价去换取高分的人。

但是，当我们苦心调教出来的"好孩子"欲要走进我们的生活，成为我们家庭一员的时候，我们却坚决地将他挡在了门外。似乎直到这个时候，我们才恍然明了健康、品行、性格、情趣对一个人是多么的重要。

我们在教学中，如果把每位学生看做将来的"女婿"、"儿媳"，或许会发现我们眼中的"优生"并非全优，"差生"也并非那么讨厌了。

老师们，让我们以"选婿"、"择媳"的标准来培养学生吧！

从平凡到卓越的转变

王运巧

他叫王凡,我的学生。初识他源于作文,学期初的第一篇作文只有他一人未交,我翻看了一下成绩,进班时 25 名,中上游学生,为什么不交作文呢?待我看完各科成绩时明白了,这个孩子偏科严重,数学 115 分,语文 75 分,英语 65 分。就这样我记住了一个叫王凡的同学,一个在语文学习上需要引导的孩子。

轻轻地走近

本想设计好谈话的内容再找他,但有时机缘很巧妙。

五班的课多在中午第三节,课前学生需在操场跑操,结束后班主任常常需做一番小结。我呢,也算提前备课吧,就去班上打开多媒体,做一些课前的准备。

这天,我来到教室,却见王凡一人,坐在座位上,我就问:"怎么不去上操呀?"他说:"请假了,我这几天咳嗽得厉害。"因为我女儿每每入秋也常咳嗽,我深知咳嗽的难受与难治。我就劝他多喝水,吃好饭,晚上盖好被子，白天穿好衣服。

　　他也告诉我，他小时得过肺炎，冬天常会复发。我就建议他及时去看病，别又严重了。就这样，一个课间很快过去了，我没有和王凡谈学语文，甚至没说作文的事，但我知道我们已经成为朋友了，因为此后他很爱跑到我面前来说点什么，还有每次我上课，如果哪个值日生忘了擦黑板，他总是跑得最快，即使他的座位在后面！

浅浅的诱惑

　　此后，王凡还是没交作文。只是上课很积极，看书很积极。我问他为啥不交作文，他说："老师，我七年级就不交作文，我就不会写！"

　　记得那时正值我们教育信息网第二届网络作文大赛开赛，我就在班上郑重其事地宣布了此事，还把相关网页展示出来，我看到许多同学跃跃欲试，就趁机鼓动道："上届大赛我们学校可是有三个同学获奖呀！学校还专门举行了颁奖仪式呢，那可真是名利双收呀！"我特意看了看王凡，他像下了决心似的，咬着嘴唇，点了下头，在桌斗里翻起作文本来。

　　感谢大赛筹划者，作文题目定得很切合学生生活，像"童年糗事"、"中国，2020"都能让学生有话可说。就连"走路"也有不少学生立意深远，新颖别致。

　　就这样王凡尝试写了今年的第一篇作文——《中国，2020》，想象力很丰富，尽管有点天马行空，好像不太符合逻辑。但是，我还是"大肆"鼓励一番，他也很开心，并且主动说："老师，我以前少些那么多，再补写一篇吧！"我当然同意了。此后王凡的作文也能按时交了。

美丽的错误

　　这是一个真真的错误，但她是美丽的。

期中考试成绩出来时，我大吃一惊，王凡语文107.5分。

我的心中，第一个闪念是：爱心创造奇迹。是我的关爱感动了他，进而激发他的上进心，他成功了。

我在两个班上，都以王凡为例讲了只要努力，没有什么是做不到的。王凡成了"语文学科之星"，成了班级语文名人。

但是，上天好像给王凡，也给我开了个玩笑。第二天，我去把卷子检出来时，王凡基础知识48分，这就意味着不可能有那么高的总分，我翻出作文，47分，加起来只有95分，看来是输分时出错了。

我走进教室看到王凡兴奋的样子，想想大家刚让我点燃的激情，我想何不让它成为一个美丽的错误，让王凡品尝胜利，让班上的学生争创神话？

发卷子时，我只说王凡的卷子找不到了，还幽默了一句：可能是传看的人太多了。

课下，我单独找了王凡，先说了作文，47分，真的不错，这就是进步！进而说到了基础知识，说到了错误的分数。王凡一下子明白了我的苦心，说："老师，等下次考试，我一定会成为真正的'语文之星'！"

我觉得一个善意的谎言能换来皆大欢喜，又有何不可呢？我最后让王凡把期中试卷上的基础知识错的找到答案，记下来。我又找到一张空白卷让他做，他轻松得了60.5，加上作文正好107.5分。

其实，我明白得很，期末考试王凡也不一定会成为'语文之星'，但是他进步了，不是吗？这就是成功！能坚持继续进步，那就是卓越！我们期待着！

爱学生是教师的天职

张文枝

在参加郑州市小学语文骨干教师培训班学习期间,有一天,因培训班调休,我便借此机会回到了我离任两周的学校,去看望我所教的班的孩子们。课间时,我快步走进了教室,生平胆小的李芳和众学生一样涌到了我的身旁:"老师,你什么时候回来教我们?我可想你啦!"听到此语,我心头顿时升起一股暖流。

记得我接新班时,虽然新学年重新调整了班级,学生之间互相还不熟悉,但毕竟过去是一个年级的,有一半又是同班的,因此没两天他们便叽叽喳喳说个不停了。因为天真烂漫、适应性强是孩子的特点。你看他们课上回答问题你争我抢,讨论起来更是热烈;课下三个一群、五个一伙谈天说地、做游戏。

可我总是发现李芳同学沉默不语,忽闪着一双大眼睛左看看右瞧瞧,好像她只是一个孤独的观众,周围的一切似乎都与她无关。细想起来,这个孩子还真有些不一样。开学已经一星期了,我几乎没有听她说过话,她就像影子悄无声息。一个只有11岁的孩子怎么会这样呢?是因为孩子性格就是沉默寡言呢,还是因为胆子小一时还不适应新的班级生活呢?

为了多了解她，我便找机会和她聊天，可是对我的问话她不是摇头，便是点头，最多也只是说一两句话，便再也没有话了。课上我启发、诱导着学生积极学习，大家的手举得高高的，有的同学已急得站起来，可她还是一言不发。无论我讲积极发言的好处，还是表扬回答问题好的同学，她都无动于衷。

在和家长的多次交流中，我发现她的妈妈对孩子这种表现也很着急。当我问到原因时，她的妈妈只是一个劲儿地说其实孩子都会，就是胆子小，不敢说。在与其他教师交流中，我了解到：她主要是对学习数学有畏难情绪，常为考试成绩不好感到自卑。

俗话说，治标先治本。在学校中我坚持以情感人，让孩子感到学习是件愉快的事情，至于做得好与不好并不是最重要的，只要努力去做就行了。课上她不举手时，我也叫她。我发现她作业书写总是非常端正，我就在班上展示她的语文作业，表扬她作业认真；课上我发现她拼音非常准，于是我叫她带领大家读，每次都表扬她读得很好，使她感到自己并不是总处在被管制、训斥的地位。成功的喜悦使她增加了自信心，偶尔也会轻轻举起小手，眼睛不安地看着我。这时我总是带着微笑说："你真勇敢，请你讲给大家听。"即使回答不正确，我也会说："你很爱动脑筋，给大家起了带头作用。""我们再来听听其他同学是怎么说的。"……通过这些方法培养了她对学习的兴趣。

在感动孩子、调动她的学习积极性的同时，我还注意和数学教师沟通，对李芳的数学学习加以辅导，使其学习数学有兴趣。同时，我还加强和家长的联系。要解决孩子的问题要做家长的工作。孩子有了点滴进步我都及时反馈给家长。慢慢地，我看到孩子脸上有了笑容，课下和同学们也有话说了，课上举手的次数明显增多。

今天，我一走进了教室，她也主动来到了我的身旁，轻轻的一声问候，让我感受到了关爱。有付出就有回报。那一刻，我感动了。我紧紧地把她搂在怀里,激动地对她说:"老师也想念大家。"

通过这件事,我深深体会到改变一个人不容易,改变一个人是伟大的,是要付出很多感情的。但这样做却是值得的,因为"种下一种行为,收获一种习惯;种下一种习惯,收获一种性格;种下一种性格,收获一种命运"。只有播种,才有收获。高尔基曾说:"谁爱孩子,孩子就爱谁,只有爱学生的教师,他才可以教育他们。"台湾教育家高震东先生在其著作的扉页上写道:"爱自己的孩子是人;爱别人的孩子是神。"我认为,疼爱自己的孩子是本能,而爱别人的孩子则是神圣的。教师对学生的爱是师德的核心,即"师魂"。

我觉得热爱学生是热爱教育事业的感情基础。如果一个教师连孩子都不知道如何去爱,那他就根本不配做一名人民教师,不配被称之为"人类灵魂的工程师",不配"教师"这两个字眼。这种师爱在性质上是一种只讲付出不讲回报的、无私的、广泛的且没有血缘关系的爱,在原则上是一种严慈相济的爱;这种师爱是神圣的;这种师爱是教师教育学生的感情基础,学生一旦体会到这种感情,才有可能"亲其师",才能从而"信其道"。

曾经看到过这么一个案例:日本幼儿园的一位女老师教孩子们画图画,她对每一个孩子的作品都发出了啧啧赞叹,然后,听课的老师看到坐在他身边的小女孩很随便地画着一些横七竖八的线条,实在是糟糕,在一般人的眼中,应该是一无是处了。可是,女老师走到小女孩的身旁,细细地看了画后,高兴地说:"孩子,老师刚刚数过了,你在这幅画中用了24种颜色,是我们班使用颜色最多的小朋友,你真了不起!"

读过此案例,我不禁对这位日本幼儿园的女教师心生感佩之情,很想对她说:"你真了不起!"

罗丹说过:生活中并不缺少美,而是缺少发现美的眼睛。我想,我们每位教师都需要一双这样善于发现美的眼睛,那目光应该是宽容的、赏识的、赞许的、温柔的。让我们细细地去发现每一个孩子值得我们感动的细微之处，去发现每一个孩子都是值得我们真心喜爱的"小天使"。

教育家们曾谆谆教导过我们：你的鞭下有瓦特，你的冷眼里有牛顿，你的讥笑中有爱迪生。这告诉我们，教师不要对学生冷眼旁观，要对学生献出爱心，它会唤起学生的激情，会挖掘出学生巨大的潜能。把爱献给最需要爱的学生，是教师的天职。

在平时的工作中，我会认真观察我的每一名学生，从他们的眼神、动作和语言中尽量"读懂"他们，体会和分析他们的言行举止，了解他们的喜怒哀乐，理解他们的苦处或是难言之隐，分享他们的快乐，分担他们的痛苦，为他们排忧解难，与他们共同处理和解决学习生活中出现的一切问题。

"用爱心，托起明天的太阳"，我是这样想，也是这样做的。我的手掌虽小，但我要尽力托起祖国明天的太阳；我的身躯并不伟岸，但我会努力用爱心撑起这一片蓝天……

我渴望成为一名好教师。二十多年来一直为此执著地追求，虽然我并非一个完全的成功者，但是经过多年的奋斗、努力，我经受了磨炼，较快地成长起来了。

博客情缘

Zuo
幸福
De Lao Shi

導客情緣

郑州教育博客文化建设的方向

王运涛

阿诺尔德·约瑟·汤因比（Arnold Joseph Toynbee，1889～1975）生前曾经预言："21世纪是中国人的世纪。"有一次，一记者问法国总理："你觉得21世纪是中国人的世纪吗？"他说："不是，因为他们没有价值观可以输出。"由此可见价值观输出的重要性。郑州教育博客文化建设是一个漫长的过程，在这个过程中必须有明确的努力方向。笔者认为，先进的价值观输出是郑州教育博客文化建设的努力方向。

一、价值观输出的过程就是打造品牌的过程

品牌是竞争力，但首先是吸引力。针对广大教育博友由于"准永久性分离"的交往特点，郑州教育博客要发挥教育核心价值的导向作用，要能够输出自己的价值观。在郑州教育30年的成长历程中，教育文化血脉中流淌的是改革开放的基因。随着郑州教育博客与时俱进地发展壮大，更彰显了"海纳百川，育达天下"的使命追求，形成了进取、自强、合作、服务的教育博客文化。其中勇于开拓、善于学习、艰苦奋斗、勤奋进取，锲而不舍、百折不挠的郑州教育博友精神是郑州教育跨越式发展的基本核动力；教师进步的阶梯，学生学习的平台，师生充实自我和增

进动力的补给站是郑州教育博客的核心价值。提炼凝聚自己的价值是万里长征的第一步，还要不断地传播和强化这种价值，使之成为郑州市全体师生共同追求的价值取向。这些极富时代意义的精神和价值应该借助大众传媒反复地传达给广大民众，这个不断强化的过程就是郑州教育打造品牌的过程。

二、价值观输出的努力就是深化素质教育的过程

郑州教育博客的价值观输出要着眼于广大教育博友紧紧围绕以专业和课程教学为主渠道，以社会实践活动为依托，以学生活动作为有效载体，紧密结合素质教育稳步推进，对学生进行高尚精神境界、良好道德修养教育，全面提高学生的思想道德水平和科学文化素质的教育进程。凸显教育职业人的主体作用，根据学生"基于需要、基于经验、基于理解、基于生活"的学习特点和多样化学习需求，深化以教学内容和课程体系改革为重点的教学改革，探索教师专业化发展的学习规律。精心组织内容丰富、形式新颖、吸引力强、参与面广的思想政治、学术科技、文娱体育等博友活动，在价值导向的旗帜下形成育人合力，使师生在活动中受到潜移默化的影响，不断发挥博友的素质潜能，并积蓄和补给其发展潜能。比如在重大节庆日、纪念日开展主题鲜明的教育专题活动，精心组织博友聚会、学习培训、外出考察活动，吹响郑州教育奋进的号角。

三、价值观输出的努力就是提供优质服务的过程

价值观输出要不断激发教师的主导作用和学生的主体作用，不仅提供优质教育产品更要提供优质教育理念。教育支持服务要关注群体和个体需要，立足教师专业发展，积极建设志存高远、爱岗敬业、尊重学生、治学严谨、为人师表、教书育人的优良教风；突出学生主体，彰显接班人的作用，不断超越传统模式，贴近时代与生活，积极推进建设网络虚拟校园，构建思想性、知识性、趣味性、服务性于一体的网上文化社区

和交流平台,不断完善教育博客文化在价值导引、素质提升、人格完善方面的功能。秉持"互动至上"的理念,将虚拟校园与现实校园建设相结合,传统教学与现代技术相结合,博友信息传递与面对面交流相结合,多种媒体和手段综合运用,搭建不同学校与学校、教师与教师、学生与学生之间沟通的桥梁,营造和谐的教育文化氛围。

四、价值观输出的努力就是对接现实需求的过程

价值观输出要紧扣时代脉搏和社会发展需求,不断增强责任意识和问题意识,积极对接现实需求。增强责任意识就是要回应和回答当前我市经济与社会发展中的实际问题,要体现为国家和社会发展服务的方向;就是要着眼于师生所需、师生所困、师生所急,积极完善优质服务流程,体现"一切为了教育,为了教育的一切"的服务目标。也就是说,郑州教育博客的价值观输出,既要着眼于宏观使命,在加强爱国主义、民族精神和本土文化教育的同时,积极培养郑州师生的全球意识、可持续发展意识;又要着眼于老师和学生个体,多方并举增强其应对竞争的能力和关爱他人、关爱生命、关爱自然、关爱社会的同处共存能力。增强问题意识就是要积极应对市场挑战,在教育系统内部合作、与其他行业合作过程中,实行需求引导,项目合作,协议约束,反馈调整,责任共担,利益分享,从而达到跨系统和谐、跨时空和谐,落实对教育博友的更好服务以及继续教育等延伸服务。

五、价值观输出的努力就是助力和谐社会建设的过程

郑州教育博客已经成长为郑州市构建学习型社会的重要力量,今后要为和谐社会建设作出新的贡献。因此,郑州教育博客的价值观输出要坚持追求发展,崇尚尊重,适应变化,达成和谐的原则。发展是第一要务,郑州教育博客的价值观输出要在保持可续性上下工夫,这有赖于建立教育博客文化建设的长效保障机制,逐步形成先进文化的强势。今后教育主管部门和各级各类学校要从建设人力资源强国,培养高素质应用型人才的高度，认识郑州教育博客蓬勃发展的重要性，切实解决教育博客文化建设过程中遇到的困难，在教育博客发展的实践中不断探索教育文化建设新途径、新方法和新形式。文化认同是教师安身立命的根基，但文化认同是一个自觉自愿的过程，因此，提高教师的社会认可度要崇尚尊重原则，要遵循"尊重差异、包容多样"，"平等合作、互助互谅"，"风险共担、利益共享"，"支持服务、鼓励创新"的四项原则，不断挖掘和创造新的文化资源，培育新的文化要素，丰富教育文化的内容和形式，将郑州教育博客建设成为公平和正义切实维护，创造活动得到支持，创新成果不断涌现的教育文化建设重镇！

教育博客，我们的家

张 宏

教育博客，我们的家——一个温暖的港湾，一个温馨的怀抱，一个停靠的港口。

"郑州教育博客"于2006年3月推出，一路同行三载，步履蹒跚。如今已经发展成了一支庞大的队伍。在这个家园里，一群执著的教育人，爱家、护家、保家，这就是我们的心声。在这里，美文读不完，感动唱不尽，趣事道不够——这就是我们痴迷的教育博客人，这就是我们可爱教育博客人。我们爱博客，我们爱教育，把教育博客这支歌唱响。

教育博客，我们的家——2006年5月，我就荣幸成为了博客最早的"元老"之一，当时很慎重地注册了博客名——"爱在蓝天"，把博爱献学生、把真爱献亲人、把大爱献朋友——用真诚无私的爱感动身边的每一个人，这就是爱在蓝天名字的由来。从那一刻起，我就深深地爱上了教育博客，没有别的，只想历练自己。我写下点滴教学体会与博友共勉，写下点滴教育感受与博友共学，写下生活中酸甜苦辣与博友分享。我们爱博客，我们爱教育，我们把教育博客这支歌唱响。

教育博客，我们的家——工作中我不断地提高驾驭课堂能力和管理艺术，不做教书匠，做研究型的教师。教育中播撒爱心，教学中不断总结，生活中歌颂着真、善、美——还常常利用晚上和节假日书写博文，多少次忘记了疲劳，挑灯夜战；多少次斟词酌句，不怕困难，一共写出小小说 80 余篇、教育教学文章 100 多篇。我们爱博客，我们爱教育，我们把教育博客这支歌唱响。

教育博客，我们的家——写美文，使我不断反思自己的教育教学工作，在反思中提高，在思考中进步，我想：这也是我们教育博客的宗旨——给每一位教师提供一个交流展示的平台，给每一位老师提供一个反思进步的阶梯，和着 2009 的春天，怀着对教育的热爱，在这里，同行互领，朋友共学，虽然辛苦，收获颇丰，幸福无比。我们早已经陶醉在文字的海洋中，心灵正孕育着无数颗希望的种子……我们爱博客，我们爱教育，我们把教育博客这支歌唱响。

教育博客，我们的家——写博文，让我更明白教师这个名字的内涵，我用自己的行为诠释着"爱与责任"。用敏锐的眼光观察生活中的最真实的人和事，书写着人生真谛和酸甜苦辣。

爱教育——站在三尺讲台上，十几年来把每一个学生引入知识的殿堂，欣赏到了这色彩斑斓的世界。把知识点变成灵动的、跳跃的。这样，文化与涵养的底蕴弥漫在整个教室。

爱学生——课间之余，每每站在操场上，看到孩子们像小鸟一般游戏。在这愉快地活动中，蓝蓝的天空划过一道白色的航线，我和我的学生们的目光仿佛穿透时空在那里相逢。

爱生活——用敏锐的眼光观察生活中的最真实的人和事，只因为爱生活，才写生活、写最真实的故事、写出人生真谛，写出酸甜苦辣。这就是我的小说吸引人打动人的秘密武器。我们爱博客，我们爱教育，把教育博客这支歌唱响。

教育博客，我们的家——三年来，在这个家园里有多少老师踏着晨曦而来，伴着夜幕而去，默默耕耘在教育博客这片沃土上。写博文，让我们更爱博客，让我们更爱教育，把教育博客这支歌唱响。

教育博客，我们的家——写博文，带给了我机遇，激励着我进步，伴随着我成长。我们用爱构建了一颗巨大的"爱博之心"，我们树立了一腔浩然正气，不断写出精彩博文，展现出博客亮丽的风采。

教育博客，我们的家——我相信：教育的春天会在我们大家的共同努力下，展现出她迷人的一片春光！

博客让生命更精彩

李 茜

永远也忘不了那个日子——2006 年 7 月 11 日，那天我在郑州市教育信息网建立了博客。博名叫"心灵有翅膀"，也就是从那一天起，我的心灵真的翩翩起飞了，如插上了翅膀。

建立教育博客已三年有余，这三年来，从没有一日离开过她。即使是出差在外，即使是工作忙碌，心也总在牵挂着她。时间非但没有让我和她淡漠，反而让我越来越爱她。这种爱，已经渗透到生命中，不曾改变，也不会改变。

教育博客是我文字和图片的仓库

从小喜欢写点小东西，但很多都丢失了。自从有了博客，我的欢乐我的烦恼、我的工作、我的生活就都被她包容和存储起来。1166 篇博文记录着我平凡的生活和我的热爱我的感动。闲暇时，我会打开博客向前翻，那文字、那图片便生动地展现在眼前。看着几年前孩子的模样，想想现在的样子，我不禁莞尔；看看某一件伤心的事，想想事过境迁我坚强地挺了过来，我感慨万千；看着和亲朋好友一起出游的文字、图片，那开心仿佛还在眼前；看看孩子们在我创意和开展的活动中成长收获，我无限欣慰……每个学期结束，该写总结了，我会把"校园生活"里的每一篇文章粘贴下来，稍做整理，一篇翔实的工作总结便有了，轻松又真切。

教育博客是我们学校的宣传平台

我一直负责学校的少先队工作和信息宣传工作，学校开展的各种活动多被我以图文形式记录在我博客"校园生活"栏目里，写我们学校的活动，我都不忘打上全称。教育博客的朋友多，来自郑州市各个学校，这是多好的宣传机会，学校的知名度在博友的点击中提高了。有不少博友都说："你的博客就是你们学校的宣传平台。"我高兴，因为我是学校的一员，让大家通过博客了解我们学校的工作，这也是在为学校作贡献呢！

博客提高了我的摄影技术

常在我博客里走动的朋友都知道，我的博文大部分都附有图片，这些图片多是我拍摄的。记得刚建立博客的时候也发图片，但现在回过头去看，那些图片不是模糊不清就是主题不明，而对现在拍摄的图片，我自己也觉得技术越来越高了。有些博友回复时问我用的什么相机，我的相机是极其普通的超薄型家庭用的相机，现在用的这个已经是毛病百出了。我的包里天天带着相机，看到令我感动的画面或者大自然的变化我都会及时拍下。相机的利用率超高，当然坏得快了。我的愿望是买一个好相机，好相机一定会为我的博客增彩。

教育博客充满爱

教育博客之所以那么深入人心，因为她是一个充满爱的地方。

忘不了 2007 年 6 月 23 日在紫荆山公园附近为患尿毒症的许昌的马爱玲义卖捐款的事情。马阿姨身患尿毒症却无钱住院，每次去做透析只能在病房走廊的椅子上等待。博友们捐出了自己的物品去义卖，火辣辣的太阳把大家晒得黑黝黝了，但没有一个人有丝毫怨言。"舒馨"来了，"新华"来了，"兰心慧质"来了，"南方"来了，"小风"来了，"潇湘明月"来了，"简单"来了，"夏天"带着女儿来了，"颜色"带着学生来了，"太阳雨"和"心之舞"带着学生来了，"芳草地"带着连夜赶制的爱心捐款箱来了，"心灵花园"的朋友也送来了许多书义卖，"柳色青青"委托"兰心"捐了 50 元，当然，这样的场合少不了默默拍摄的宏伟……到场的人不仅参加了义卖，还都进行了捐款。1235 元不多，但送到医院时却让病中的马阿姨和她的女儿哭了……

忘不了 2008 年 5 月 28 日的那次特殊的聚会。郑州教育局办公楼 8 楼，"地震无情，人间有爱"活动让每一个到场的人心情既沉重又温暖。每个人手腕上都系着象征对亲人祈祷和祝福的黄丝带，粉红的蜡烛摆成了心形，中间是大大的"5·12"，烛光映照在每一位博友的眼睛里，映照在每一位博友的心里。"夏天"带着信息网的工作人员朗诵的《我们都是汶川人》让全场肃静，"歌者"的诗歌朗诵《请铭记他们的名字》让全场动容，我们管城实验圈子的大小 14 位博友，"高山流水"、"落霞"、"一江春水"、"神奇猪猪"、"萤火虫"、"激情飞扬"、"水云天"、"暗香"等都加入到了朗诵行列。我们学校的孩子们当场义卖了精心绘制的福娃文化衫，"心情颜色"的歌曲《阳光总在风雨后》让我们更坚信中国是压不垮砸不烂摧不毁的……默哀、朗诵、歌唱、捐款，每一个环节都围绕着一个"爱"字。"福娃欢欢"的学校当天正巧改卷子,活动还没开始,她就代表他们学校化学组的老师把捐款交给了主持人运涛……

忘不了2007年5月22日我姐姐把她的一个肾脏移植给了患尿毒症的姐夫,做手术前后,博友都纷纷在博客里为姐姐和姐夫祈祷祝福,"简单"还寄给我厚厚的一叠共23张儿童画让我转交给姐姐姐夫。那些画有着鲜艳的色彩,有着丰富的想象,饱含着浓浓的爱心。每一张画上都有字:"天天快乐!""天天开心!""叔叔阿姨早日康复!"……我把那些画转交给姐姐时,她也特别感动——为"简单"和孩子们的爱心。至今姐姐还存放着那些画。因为爱,姐姐和姐夫创造了生命的奇迹。

教育博客让我收获累累

建立博客,没有想到会得到什么,最初只为我小小的爱好。然而博客却回馈我太多太多,让我不知所措。

1. 收获朋友

朋友是一生中难得的财富。我一直这样认为。在教育博客,三年中陆陆续续结识了许多好友,有些朋友在博客聚会和博客活动中见到过,有的只是博上神交,但每一个朋友都是我生命长河中美丽的浪花。

我和"运涛"、"颜色"、"小风"等博友算是在博客里认识时间最长的了。"运涛"的才华让我折服,他的热情更让我感动,从博上相识,在生活中也得到了他不少帮助。有什么事情需要他帮忙,他从没回绝过。第一次见"颜色"是在2007年4月22日的博友聚会上,鸵鸟园里,我们两个骑着双人自行车,她在前,我在后,风在耳边吹,颜色长长的卷发飘起来,我还拿相机拍了下来。她做团的工作,我做队的工作,团队是一家,今年三月,我们两个学校还一起组织了活动呢。每一次聚会,最忙的总是"宏伟"老师。他拿着大大的照相机跑前跑后捕捉精彩的瞬间,定格欢乐的场面,然后不负众望地在活动后展示给大家清晰的画面。他话不多,但他的微笑让人觉得温暖。每次遇到博客中的问题总会在QQ里给晁老师留言,每次晁老师都是热心答复或解决。"欣馨花季"是个爱说爱笑的妹妹,虽然有时因为忙她不常写博,但我总会在某一个早晨、午后,或者是某一个节日来临的时候收到她的问候短信。阅读短信的时候我一定是笑着的,那感觉,很享受。"芳草地"的快言快语让我感觉看她的文字就像她就坐在身边;张胜和"清凉室主人"是优秀的老师,他们的博客让很多老师受益;"夏天"的优雅和才气让我向往;"小风"的执著让我心疼……

越来越多的人爱上了教育博客,我也有了越来越多值得敬佩的博友。"橄榄树"、"花下客"、"夏夜听蝉"、"千啭百媚"、"落霞"、"激情飞扬"、"微笑太阳"、"海阔凭鱼跃"、"李迪",我在他们的文字中行走,我感受着他们的文采,是学习更是享受;"莫思量"和"神气猪猪"有相似之处,他们的文字犀利,眼睛容不得沙子,说是博客中的"黑马"也好,说是博客中的"钟馗"也好,"路见不平一声吼"的豪气不是谁都有的;和"简单"、"高山流水"相似,"萤火虫"的博客里发了大量的摄影作品,"萤火虫"是我的同事,也是我的好朋友,她的摄影技术高超,她的眼光独特,所以,她博客里的图片总是那么独特。除了摄影,她还发了大量我们学生的美术作品,每每发上我都很自豪,因为我们是一个学校,她的学生也是我的学生!"花开花落"的真诚、"黎明星"的坦率、"柳罐"的另类都让我铭记,"青青子衿"、"疏影暗香"、"朽木鱼"、"水之恋"、"张秀云"、"纯净透明的冰"是我博客里的好妹妹……

太多太多,不胜枚举。太多太多,让我心怀感激。

2. 收获荣誉

在第一届和第二届博客大赛中,我分别获生活类的金奖和银奖,当我站在领奖台上的时候,我的心里充满了感激。我只是在真实地记录我的工作和生活，只是想若干年后我可以更生动地回忆我的过往岁月，然而教育博客却让我收获了沉甸甸的金秋。

3. 收获《心灵有翅膀》

我的诗集《心灵有翅膀》是 2007 年 8 月出版的，之前一个朋友推荐我的诗给在诗歌方面颇有造诣的王林栓老师。他看后赞叹不已，于是在他的帮助下，容纳 197 首诗歌的《心灵有翅膀》得以问世。这 197 首诗歌都在我的博客里，而且大部分都是我在教育信息网建立了博客后写的。教育博客让我勤奋，勤奋才有了这么多积累。2008 年 3 月，《心灵有翅膀》获得郑州市市委宣传部颁发的"五个一工程奖"。

我为教育博客狂

每天不到教育博客转转我就会觉得少了许多。不午休为了博，熬夜为了博，起早为了博，第一次进网吧也是为了博。那是 2007 年 10 月的事了，我外出在云南，禁不住对博客的思念，我第一次进了网吧，一待就到了后半夜，那次在云南，连着三天晚上去网吧，为的就是及时地把当天的见闻和感受发在博客上，为的就是到博友的博客小家串串门。之后在嵩山饭店开少代会、到广州学习，我都有多次到网吧写博品博的经历。说实话，去之前我总是忐忑，觉得那环境有些可怕（其实正规的网吧也没有我想象得那么可怕），可是我又总禁不住博客的诱惑。博客是我三年多来不变的牵挂，我为教育博客狂，这又有什么稀奇的呢？

我是教育博客的宣传员

我爱教育博客，我也想让我身边的人都加入到这个温暖的大家庭里来。自然而然，我成了教育博客的宣传员，在管城区五里堡小学任教的时候，好多同事都在我的感召下在教育博客开辟了自己的小园地，在管城区实验小学，身边的同事们同样在我感召下纷纷开辟了自己的园地。即使不是我们学校的老师，只要问到我关于博客的问题，我都会细致回答。

两千多个日夜，我的博客从无到有，博客文章从少到多，我每一天都享受着博客带来的快乐。两千多个日夜，我从博友的文章中学会了很多做人做事的道理，我们在博客中切磋着教育方法。两千多个日夜，我在博友的鼓励中微笑生活，坦然面对一切……

千言万语说不完对博客的感谢，感谢她让我的生命更精彩。

为伊消得人憔悴　笑揽风云一家人

——写在建博三周年

朱慧英

记得不经意间问过爱人："为什么要过年？"爱人说："听妈妈说过年是过去的人们要歇歇脚，缓缓神！"就当今天是我博客的过新年日子吧！过年了，人要翻看过去的日历：

回头看我的博客，笑揽风云一家人，现在这里的写博者也名副其实成了我们一家人！这里有十几个日志专题，大多是女主角过去、现在的博文，还有男主角笑揽风云的博客专题"浪漫与现实"，另有小博客的成长历程！

回首望去，一千多个个日日夜夜都是那么值得怀念，因为这里留下了我笨拙的脚印，尽管走得七歪八扭，深一脚浅一脚的，但我始终在走着。尽管语句不通，词不达意，但都是肺腑之言，绝无矫揉造作之意。在这里有光着屁股一块儿长大的博友；有一块儿嬉戏的伙伴；有一路成长的兄弟姐妹……

教育博客是一块儿绿地，这里有浓郁的友情，这里有浪漫的爱情，这里记录着教育人奋斗的足迹，这里有热爱教育事业的友人，这里有筑起生活的航标——藤依树，这里有忘我工作的郑州教育博客的工作人员……

一、读博的日子令我流连忘返

提起读博的日子，我如数家珍：我走千家、逛万户，在这里有从幼儿园、小学、初中、高中到大学教师奋斗的足迹，这里有名师学习归来带回的国外教育模式，这里有送孩子出国后带来的韩国教学模式。这里有幼儿到大学一整套教育的心路历程！孩子上幼儿园前要做哪些准备工作？孩子上小学了！孩子该高考了！孩子上大学了！家长跟着孩子成长的历程，困惑了，到教育信息网上你一定能够找到答案。这里有你需要的学前教育、习惯培养、个性培养，更有急于知晓的考前须知！这里有各个学科教师的考前复习提纲，理化生考试了，这里还有最新的考试大纲……郑州教育博客是教育博客人生活的万花筒！

读博的日子，我为文章所累！我生活中唯一重要的事情就是每天醒来坐在电脑旁，吃饭可以简单，睡眠可以牺牲，孩子可以不管，我像一个神仙一样在丹炉旁炼丹，也曾因此有了意外的收获，有一段时间生活中除了电脑和文字，我一无所有！尤其是下班后，我还恋恋不舍地坐在电脑旁，意犹未尽地品读博文，自行车也被遗忘在大街上……

读博的日子里，我被博友的友情打动，在最艰苦的岁月，总有"柳暗花明又一村"的惊喜，我仿佛是回到了我的大学时代，我和同学们在校园里散步，在月光下高歌，在熄灯后和室友畅谈理想……

读博的日子里，我被老大——"激情飞扬"的精神打动，他的热情、豪放令博友忘记了年龄，他经常热心地和博友们交流，忘情地写博；"翅膀"的诗歌、"小凤"的执著、"颜色"的小说、"夏天"博文的柔美……可谓绝美，每读之总能深深地打动人的心灵；"hunter"的浪漫爱情在教育博客中结果；"藤依树"为我们筑起生活的航标；"翅膀"的美食、"朽木鱼"的美文令我应接不暇，自感终生难以达到其境界！

读博图个啥？读博让我读出了蚂蚁的团队精神，读博让人领略了人间自有真情在！大家关爱的身影，博友相见相拥相抱的魅力……读博使我换一双眼睛看世界！读博使我把旧的变新，把清晰变朦胧，改变认识世界的距离。读博总是有太多的惊喜……

二、写博的日子不寂寞

在我三十岁拿到本科文凭的时候我沾沾自喜过！可是走进博客才感到自己知识的缺乏，才感到这方天地里人才济济、高手如林，才感到博客的世界五彩缤纷！

我开始了读书看报，剪剪贴贴地将看到的优美文段重新梳理。我开始发现生活中的美丽，在博客中遨游，在网络里探索。我寻求到了一种精神的寄托，我得到了丰富的知识和纯真的友谊。博客是我最亲密的爱人，网络是我最纯洁的乐园。我结识了一位位才华横溢的朋友，从他们的博客中汲取了无尽的精神力量和知识源泉，那份纯真的友谊会让人珍藏一生。

"记录生活点点滴滴，感悟人生心路历程"——是我写博的动力。生活就像长江的水一样，愿意不愿意它都是向东流去，太阳也是不由人的意志而每天升起和落下。其实人的生命也是一样，长短也是不由人的意志所决定，我们所能把握的就是能让自己活得更精彩。博客记录了孩子成长过程中的丝路花语：《a、o、e该减肥啦》《小闹钟真不长眼色》《三毛的脑袋与我家的茶几》《蜘蛛网和巴基斯坦国旗》《豆豆集合》《瑞星杀病毒》……

在博友们的关注和支持下，我的博客在成长着。无论我的博文如何，博友们都给予了热情鼓励和诚恳的建议，那文采飞扬又热情洋溢的评点，那推心置腹而中肯无私的悄悄话建议，那灵动便捷穿越时空而来的纸条……都让我受益匪浅，使我更坚定了在博客的路上走下去的决心和信心。

神奇的网络，亲密的博客，已渗透到我生活的各个方面。我的大学同学，通过博客和我取得了联系；我的亲戚朋友很多都在观看我的博客，博客已成了我联系亲人、朋友们的一个纽带。

也曾一度因为工作忙，而疏远了朋友们，也曾一度因身心疲惫而欲停博，可是博友们那熟悉的身影、亲切的话语，又拉近了我和博客的距离，我哪里能割舍这温馨的乐园和珍贵的友情？我感到有博的日子不寂寞，有博的日子好快乐！我终于明白：我将和博客不离不弃！

博客是我的喜怒哀乐慰藉倾诉的对象，是我亲情友情凝聚传递的驿站，每天和博客的约会，是我最开心的时刻。这里是一些纯粹精神交流的朋友，这里淡泊了名利，摒弃了世俗。这里的天空好蓝，这里的友情好真，这里的风景好美，这里的世界精彩！

三、相信"好女不愁嫁"，相信博客编辑的慧眼，推进郑州教育博客的良性发展

从2006年第一届郑州教育博客大赛至今，教育博客发展之速度令人叹为观止！其中郑州教育博客经历两次改版，使我们领略了教育博客的良性发展之路，从郑州教育博客博文的发布量看教育博客编辑队伍的发展，我们都领略到了很多。

从最初的简单的文字发布，到后来的图文并茂，从简单的友情链接到在博客圈子里畅所欲言……大家不断地留意自己博客中的管理中心，这里有圈子向你发出的诚挚邀请函等着你回应，还有偶尔传来新博友玩的"偷菜游戏"！相信教育博客的和谐之光在不久的将来会照亮教育博客这片广博的土地……

真诚地感谢郑州教育博客的博友们，感谢那些曾来到我的小园并留下珍贵足迹的朋友们！谢谢你们给了我友情，给了我力量，让我在有博的日子里好快乐，让我在有博的日子里不寂寞！

我与郑州教育博客一起成长

晁代聪

作为郑州教育博客的一线管理员，亲身经历了郑州教育博客的发展：从无到有，从只有几十人的注册到现在的16000多人的注册，从只有几十的访问到现在的每天上千人的访问，从以前的教育博客Ver1.0到现在的Ver2.0，以及将要推出的教育博客Ver3.0……总之我见证了教育博客发展的太多的事，同时我也从中收获了很多，有许多博友调侃地对我说，"晁老师，你从中收获最大"，我低头微微一笑，算是默许吧，因为我知道他们所说的收获指的是什么。

我与教育博客的故事是一个平凡而真实的故事。其中不乏有些美丽和感动。

教育博客真正的兴起是从第一届教育博客大赛后，虽然参与人数只有300多人，但当时的气氛确实很不错，每天都保持着平均50多篇的发帖量。更让我难忘的是第一次博客大赛的聚会，虽然参加聚会的只有18位博友，但现在还能清晰地记得当时的热闹高兴的场面。因为这是大家第一次从虚幻的网络中走到现实中来，好多博友不免有些激动，我作为聚会的外联人，更激动。第一次博友会大家都好像回到了童年一样，有说有笑还一起玩游戏、唱歌，真的好开心，就是在这个聚会上，我人生第一次见到了我现在的媳妇（博客名：疏影暗香），但当时我们还没有感觉，我和我的两位同事一起给她敬酒时，我做梦也想不到，我面前的这位漂亮、贤惠的姑娘一年多后会成为我人生的伴侣。我想这一切都应归功于郑州教育博客的魅力，没有教育博客就没有我现在的幸福，在这里我要真心感谢教育博客。

就这样教育博客慢慢走进了我的生活。记得我和媳妇谈恋爱的日子里，没有一天不提博客的。可能是因为我们结缘博客的缘故吧！记得有很多次，在夜深人静的时候，我通过手机给媳妇读博友的好文章。如今结婚后我和媳妇每天还是少不了谈论博友，讨论博友的文章和留言，媳妇现在虽然很少写博了，但她还是和以前一样关心博客，关心博友的文章，有时比我的信息还灵呢！如：

"暗香"："我发现橄榄树有新文章了，你看没？"

晁代聪："真的？啥文章呀"

"暗香"："给D君的一封信，写得可幽默啦！"

晁代聪："是吗，我可能今天太忙，没有看到，不过明天一大早我会拜读。"

说来也可笑，我和"橄榄树"在一个单位上班，不在同一层楼上，我和他的认识竟然也是通过博客认识的。都是媳妇给我经常推荐的他写的《小李子系列》，说写得很幽默，我看后果然不错，对其本人也充满了敬意，然后我通过"人肉"搜索，竟发现我们是一个单位的。

由于领导对教育博客的大力支持和英明决策，教育博客一直朝着健康的方向发展，人气也越来越旺。大赛和聚会活动，让更多的老师和领导以及热爱教育的人士来到这个平台一起书写生活、交流一线教学经验、讨论学校和班级管理方法。今年又推出了读书学习版块，让博友在这里一起享受读书学习的快乐。看到教育博客一天天在发展，一天天在壮大，我也感觉肩头的责任越来越重，于是我一有时间就投入到博客上来，偶尔兴趣来了，也会写上一篇，虽然我是个连日记都不会写的人，但我还是想把自己最真实的感情表达出来。最真实的就是最好的，难道不是吗？

2009年教育博客举行了第三届博客大赛，开赛之初，博友热情之高，每日发帖量之多，是我万万没有想到的。于是每天上班第一件事就是先看看昨天的发帖量，又有多少新博友注册了博客。我印象最深的是有连续三天发帖量都在1000以上，最高的是1055篇！1055，我想都没想过！那几天，我一直情绪高涨，一直沉浸在博客给我带来的快乐当中，看到这么多新的面孔参与到博客大赛中来，当时我突然有了一种想走进那些真正热爱博客的博友所在的单位，想更多地了解一下他们的生活的想法。因为我知道作为一线的老师，他们平时是很忙，能坚持写博的肯定是付出了常人想不到的努力。于是，"教育博客校园行"的想法就这样诞生了。

记得我和博友第一次走进学校，是走进新郑"小风习习"。"小风"是一位坚强、充满爱心、特立独行的老师，她的文章、她的精神感染了好多人。至今"小风"依然"特立独行"，义务去三门峡支教、义务假期辅导孩子，至今依然在推进朱永新老师的新教育实验，尽管前面有好多坎坷。在这里衷心祝愿"小风"能成功，摸索出自己特色的教学之路。

2010年第一次走进学校是和"涛哥"去了郑州经开区大孙庄小学，大孙庄小学有80%的老师都在教育博客上拥有了自己的博客，当时学校开通博客率之高令我震惊。之后随同众博友一起去了"牡丹花下客"所在的学校中牟县刁家一中，对"花下客"印象最深的是他经常打电话问我一些博客上的技术问题，哪怕是一个小小的问题也会打电话过来，我真的被他的这种对博客的热情所感动，后来仔细阅读了他许多博文，发现确实是一位实力派的博友，后来听说的关于他和博客令我感动的故事还很多。比如：学校里只有一台电脑，而他所有的文章都是先在家打过草稿然后再录入电脑的，这个假期本来就不富裕他却花了1000多元在家上了网，为的就是写博、看博并和博友在线交流。在这里我想说，我为教育博客能有你这样的博友而自豪。接着又去了惠济区大河路中心小学，之所以走进这个学校，是因为这个学校的校长"轻舞飞扬"和丈夫"寒月"都是校长，而且都在教育博客开设博客，并且博客写得都不错，"寒月"在第二届大赛中还是管理类的金奖得主。这种情况我感觉真是少见，于是在众多博友的陪同下，一起走进了对夫妻校长所在的学校。后来又在策划部长"橄榄树"和组织部长兼财务部长"莫思量"的号召下，又随博友一起去了新郑梨河镇中学、新郑实验小学、新密三小。所到之处都给我留下了很深的印象。走进每一位热心博友所在的学校和博友一起交流，了解更多博友背后的故事，一直以来是我的一个梦想，以后我还会继续为实现我的梦想而努力，我的下一站又会是哪里呢？

　　博客确实带给了我很多欢乐和幸福，有人说得好："当你的博客访问量为0时，那么博客就是你的个人日记；当博客访问量为几十的时候，博客就是一个好友的交流平台；当博客访问量上百时，博客就是对外宣传的媒体！"如今郑州教育博客日访问量已破万余，很显然，她已不仅仅是我们郑州教育同行交流的平台，也是我们郑州教育对外宣传的窗口。与一朋友聊天时，我给他说了我们教育博客将要出书的事，他看后说："还是你们郑州教育博客办得好呀，比我们江西的强多了，从你们的博客可以看出你们对博客真正的热爱！"我听后暗暗高兴，心想，这不是人家故意谦虚吧？于是随之我在百度上搜索某省教育博客，发现此教育博客竟然是一百度个人的空间。我深知创建教育博客容易，维护发展并使之壮大起来很难，我庆幸郑州教育博客背后有对其大力支持的领导和同事，更庆幸教育博客平台里有这么多发自内心写作的博友。感谢郑州教育博客,感谢各位博友。

今后我还将一如既往地与郑州教育博客一起同行,不管前面的道路有多坎坷,今后我会更加珍惜博友的每一篇日志,每一条评论、留言和建议,因为我们结缘于博客。

希望郑州教育博客的明天会更好!希望每位博友都能在这里找到属于自己的快乐和幸福!

我的一世情缘，我的家

孙留庆

"我的梦有一把锁，我的心是一条河，等待有人开启，有人穿越……"我一直喜欢听童安格的这首《一世情缘》。几年来，我不正是很用心地期待着一份一世的情缘吗？我不正是很虔诚地祈祷自己能邂逅这么一份一生一世的尘世情缘？哭泣过，忧郁过，可我从来没有放弃过。

"我想有个家，一个不需要华丽的地方，在我疲倦的时候，我会想到它，我想有个家，一个不需要多大的地方……"一首《我想有个家》时时在我心中涌动。几年来，我不正是一直期待着一个温馨的家吗？悲伤过，绝望过，可我从来没有放弃过。

一次偶然的机会，我从同事那里得知郑州教育博客是我们教师疲惫时可以依靠的肩膀，是我们遭遇风浪时可以避风的港湾。从此，我便与郑州教育博客结下了不解之缘，找到了我的一世情缘，便有了我的家。

那是我第一次接触这个神秘的殿堂，首页是非常清爽的页面，有着勃勃的生命气息，而看到页面上"王运涛的博客"、"心灵有翅膀"、"竹林仙子"、"千啭百媚"、"水仙王子"、"过客家园"、"春意盎然"、"风之舞"、"miner"……诗一般的博客名，一下子提起了我的兴趣。随着打开他们的日志，更是立即被文章的精彩所打动。那天，我流连于论坛的精美帖子间，徜徉于教学名师的世界中，行走在许多网友的博客小家里……一篇篇充满思想的文章让我羞愧难当。

当天，我怀着一种敬畏与忐忑给自己注册了一个博客：透心凉心飞扬。时值初夏，我注册这样的名字就是希望我的博客能给大家带来眼前一亮，激情飞扬，清新冰爽的感觉。自从我有了我的博客以后，我发现博客的用处可多了：可以发图片、博客公告、作文、心情日记、资料……哦，原来博客就这么简单——记录点滴。我怀着激动而羞涩的心情按下了"发表日志"，心里不住地打鼓：我的文章有人看吗？别人会是如何的想法呢？会被人笑话吗？这确实是我当时最真实的想法。殊不知，我的博客无人问津。当时，我拉了几个好友光临我的小屋，我让她们一一写下了评论。现在想来，有些不好意思。

接下来的日子，我惦记着我的小屋，我该如何充实她，如何装扮她呢？我觉得自己就像我们班的孩子一样，他们在考虑着自己晚上写什么日记，我在考虑着每天要把哪些事情记录进小屋。教学思考、与学生的故事、生活随笔、读书心得，渐渐地，我开始不自主地思索着教学，思考着教育学生。

写博，记录自己的心路历程，讲述自己教育教学的故事，还有自己的困惑，让自己的思维每天都保持一种活力；我把写博当做是自己的任务，学会了思索；博友的勤奋鞭策我，让我不敢懈怠。

读博，在博友们精心编织的每一个文字里，我能够触摸到博友思想的温度，感受博友思考的脉搏，聆听博友们理性的质疑，体味博友真情实感的流露，感动于博友深刻的反思自省；从博友家中看到了不同的思想见解，促进自己的思考，我常常呆呆地望着屏幕深思回味……

评博，在我阅读的过程中，文字中的喜怒哀乐触动着我的每一根神经，读着读着，我常常都会被作者的真情所打动，于是我用灵活的十指敲击一串串真情的文字，表达内心的那份激动。我就这样评着，让自己的灵魂不断地升华。

有博客的日子，有收获，也有感动。每当看到博友的几句问候，一股暖流涌上心头，久久不能平静。我还能说写什么呢？我剩下的只有感动了。

在繁忙的工作之余，我会把我这个小家变成陶冶心性的殿堂。在每一个寂静的夜晚，我独自对着晶莹的显示器自言自语，用文字记录岁月的每时每刻，雕刻生活的点点滴滴，在家园里和博友一起分享我生命里的时光。通过郑州教育博客，我远在他乡的同学朋友可以很清楚地了解我的生活近况，而一些陌生的朋友也可以在那里共享我的快乐，分担我的忧愁，找到他们想要的东西。在博客没有更新的日子里，我将会时不时地到我的博客上看一看，读读以前的文字，看看留言和评论，在字里行间寻找往日的痕迹，触摸过去的时光，那一刻，心中便涌起了阵阵暖流……

走进郑州教育博客的博友都拥有一个好的心态：坦诚交友、欣赏交流、学习思考、淡泊名利、谦让谦卑、克己博爱。否则，就不叫"穿越时空，牵手网络"，而叫"争名逐利，刀戈相见"了。

一个温馨的家，一个时尚的家，一个闪耀智慧光芒的家，一个不断思索与进取的家。每当工作之余，我就会陶醉在"家"里，反思自己一天的教育教学；抒发对生活、对人生的感慨；不时还蹦出些许的灵感，闪现几点智慧的火花……

郑州教育博客，这个寄托着人们丰富感情和思想的美丽殿堂，我喜欢它，因为它能给我带来现实生活中无法得到的快乐；我爱它，因为常感动于来自陌生、遥远的朋友的祝福和关心！

生命无极限，博客不打烊。为了我的朋友，为了我的读者，为了每一个关心我的人，我的博客会一直写下去。

既种荆棘也种花

——我这样写"教育博客"

田德震

我承认,这是个蹩脚的比喻,不过,借此来概括我的写作内容,我觉得更形象一些。

种花者热爱生活。姹紫嫣红的花儿可以点缀、美化环境。我虽为男性,却颇爱种花儿,养花儿。迎春、月季、百日红,还有桃花、菊花……家中的小园里种的都有。我的博客名叫做"花下客",自然也含有爱花儿的意思。

我是2009年3月才开始博客写作的。在这里,我拜师交友,漂白心迹,抒发感想,像老农一样耕耘于田地上;我把"郑州教育博客"当做自己的精神家园。

在博客里,我写过《一只燕子翩然而来》,写过《乡村春雨后》,写过《晨曲》,写过《自己的园地》,写过《室友们的夜生活》……这些抒发了我对家乡的热爱,对友情的渴望和怀念,表达了我对生活由衷的赞美之情;我还写过《关于诗人作家的社会责任感——兼怀念王小波》,写过《我呼吸过海风了》,写过《此情可待成追忆——几篇旧作几段往事》

等，这是我向奉献者的致敬之作——这些我统统称之为"花儿"。我乐于种"花儿"。

我同样承认，我也种下了更多的"荆棘"。《封闭式管理何时开"封"》等，是我对教育管理僵化现象的鞭挞；《近几年目睹教育界之怪现状》系列，针对的是官僚主义和形式主义等不正之风；《俺学校的小故事》系列讽刺的是一些学校管理混乱、人浮于事……还有一些，譬如《咱不做杀手吧》《说说"文抄公"》等，虽然近乎点名批评，好像针对的是个人，其实我不过是想以小见大，抛砖引玉，并不涉及个人恩怨。如果前文说到的叫"种花"的话，这些就算是我种的"荆棘"了。

"种花者得其香，种果者得其实，种荆棘者得其刺。"这个道理我懂。但是，读过两本书，识得几个字，受老师和同事直接或间接的教育多年，我觉得我们得承担一点点社会责任。

关于"知识分子的责任"，我曾在网上查了一下，有人说他们应该秉承"自由之精神，独立之人格"，应该自由思考，有批判的勇气。虽然我尚不清楚自己算不算知识分子，但我服膺这样的话，而且我愿意身体力行。

关于"郑州教育博客"，我认为不应该仅仅是交流教学经验和吟风弄月的地方，这里应该有花儿，也应该有刺。作为这个群体中的一员，如果别人只种花，那我就栽几株荆棘。

在博客里栽种荆棘时，博友"夏夜听蝉"给我留言："真正的领导是希望听到真实的声音的。只是要选择合适的时候合适的方式来表达众多教师的心声。建议您向有关领导直言或上书！真正的忧患意识、责任意识，不是掖着藏着，也不是背地里发发牢骚。"她说得对。

关于我们教育存在的问题，除了写进博客，我还给领导写过建议。只是，我不认为在博客里著文是属于"背地里发牢骚"。当然，我不清楚领导们看不看咱的博文——但是，我非常希望决策者能从中"听到真实的声音",像柳宗元说的:"以俟观人风者得焉。"

　　写到这里,这篇短文似乎该叫做《种花也种荆棘》了。其实不。在乡村的园圃边上常栽着荆棘,栽种它们的目的是为了更好地种菜、种花——我喜欢的是花,而绝不是荆棘。

教育博客，生命中的一抹亮色

赵 雪

2007年，为了生活重新打拼，我离乡背井。初到郑州时，天空始终是浓浓的灰，散不开。不确定自己能不能被中原文化接纳……陌生的氛围，还有好多的不确定，我愈发需要一个排解烦忧的出口。想来庆幸，当时自己找到了教育博客，现时它已成为一种依靠，更成为自己进步的动力。教育博客，是我生命中的一抹亮色。

那一抹亮色，是赋予和包容

初入博客，我小心翼翼。没有自信会被人认可。记得第一篇文字，谈了自己的人生。我想做棵松树，想像它那样"温不增华，寒不改叶"，这样的境界大气极了。很意外，在短短几分钟后，我便获得了从未有过的快乐，来自陌生城市的祝福。从那刻起，就知道，在教育博客，自己会被很多人拥抱。天空有一抹亮色，我这株本来羸弱的小草，被赋予了茁壮的勇气。

很久了，也习惯感伤。时常，我会写故事，写那些有伤痕的生活。

但教育博客却是个积极的平台,充满希望。担心生怕自己随性写出的文字,因为过分情绪化而影响了大家的心情。后来,我看到,很多朋友都在关心我,很多长辈都在心疼我。他们伸出热情的双手,他们无比包容我,他们唤我单纯的小鱼,他们带来很多的理解。这是爱,一种宽广而细腻的爱。

那一晚,记忆犹深。泪水落下,因为这座明亮的城和那些可爱的人,因为教育博客而充满感动。

那一抹亮色,是鼓励和精彩

在大家的鼓励下,我渐渐转变。面对伤疤,再不逃避、再不憎恨。其实,那些过往的青春,那些停留在心间的人和事,最美。尽管是伤疤,却是生活的轨迹,也是珍贵的人生。是这样的鼓励,照亮了我的天空,让我看清世界即使残缺,也可以很美丽。

教育博客为我提供了一方自在天地。在这里,我心态积极了,结识更多的朋友,收获更深的情谊,得到更大的认同,感知更美的生活。当我看到世界尽是精彩时,我的笑容已经明媚、灿烂。我仍然时常写故事,写新的生活。真诚的学生们、尊敬的师长、善解人意的朋友、慈祥无比的父母、疼我宠我的老公……小小的博客花园,被我浇灌得五彩缤纷。

很惊喜自己能够被肯定,能够在教育博客的大平台上,成为一颗小小的"星星"。被采访,绝对的受宠若惊!我只是个幼稚的家伙,很容易就被生活打动或者冲动;我只是个执著的家伙,永远写着那些念叨却也安静的文字;我只是个简单的家伙,最荣耀和骄傲的事儿就是交到博客里的朋友。我只想要表达,写博的初衷没有变。我会继续表达,真诚表达自己的过程不会变。

终是这样一抹真实的亮色,引领我找到了不一样的精彩。

那一抹亮色,是感恩和成长

要说感恩,我必须要先平静下来。感情一旦太汹涌,会抑制不住,话语模糊。

本来,我的辗转尽是无奈和烦扰。本来,我的到来只是无助和悄然。最初,我只是一个找不到人生方向的流浪小孩。

"颜色"安慰我,不要让年轻越长大越孤单。她给予的温暖,让我想起了曾经对着天空许下的誓言。"翅膀"提醒我,青春一定要和未来的期待做伴。她给予的信任,让我忘不了儿时写在笔记本上关于希望的诺言。像小虎队的歌那样,她们和我画着同心圆,都是爱。

"Hunter"理解我,让我进步的同时可以放下些许伤怀。他给予的支持,让我拾起了多年前很熟悉的笑脸。"飞扬"激励我,生活的执念可以放在美丽的蓝天。他给予的力量,让我回到了数星星、自在奔跑的少年。长者的智慧,用问号、句号和省略号帮我串起了明天,都是缘。

在这里有太多需要我去铭记、去感谢的朋友。尽管尝试着浓缩万语千言,只是心绪已被无数感动一触即燃。收不住了的时候,只好硬生生地用一句"感谢"摆在话语的末尾。

现在,每天除了固定的教学,以及吃饭、睡觉的时间,我都会来到教育博客。写写自己的,看看别人的那些值得回味的事儿。我是一个幸运儿,在教育博客,在好多人的保护中,我得以快乐地成长。这样的经历,于我来说分外珍贵。教育博客,真正成为了我心底的依靠,在我最需要读书、充电、感悟、表达的时候。是的,它还能为我提供一个独处的安静空间,看清自己和世界。

谢谢你,教育博客。尽管文字中仍透着感伤,但我已是明媚的。因为天空的那一抹亮色,已经教会了我如何抓住幸福去成长。

乘上教育博客列车，收获美丽风景

高 飞

说起博客，在我的印象里最早是在 2006 年，我们学校开会说，郑州教育博客大赛，希望老师踊跃报名参加。对于我这个县市级学校老师来说，当时倍感新奇，因为我那时还不知道什么是博客，所以莞尔一笑就不了之了。

2009 年第三届教育博客大赛，在同事"黎明星"的鼓动下，我们乘上教育博客这趟列车，欲揭开她神秘神奇的面纱。

上车首先要买票，我就自己通过百度找到了"教育博客"，在朋友的帮助下，注册成功，算是买上了"车票"，然后开始了快乐而又神奇的博客之旅。

列车到达教学类站——收获教学方法，服务教学生活

匆匆打开教学类的博文，犹如走进了教师心得交流的家园里，大家各抒自己的好方法、好做法，供大家享用。在这里我看到了"过客"真实心灵的流露，独特的教学方法，孜孜不倦为教育执著的做法。还有大

家把自己教学的资源共享，让我实际运用到教学工作中。郑州教育博客真是我们教师教科研的"家"。

列车到达生活类——缤纷生活，色彩斑斓

生活类的博文，让人读起来真是美不胜收。有生活中的趣事，有生活中幽默的故事，有生活中的感动……记录着我们教师生活中的点点滴滴。教师不是仙人，不是圣人，我们也渴望缤纷的生活。在这里，我看到了"心灵有翅膀"对生活那种积极与热爱，她是那样热爱生活，把生活点滴提炼得有滋有味；"花下客"把枯燥的生活写得充实而幽默让人百看不厌；"黎明星"的生活真实而朴素；"梦儿飞"的生活平淡而充满真情；"芳草地"的生活因为孩子忙碌而快乐着……在生活的大家园里，我们的老师快乐而收获着。

列车到达管理类——教学管理艺术的交流

教学管理真是一门艺术，管理好一所学校，是一个领导的管理才能的体现，管理好一个班级则是一个班主任才能的体现。每个人有自己的方法，在这里我看到了"听蝉"老师做事干净利索的领导才华，透露出的管理的智慧，他对生活处处留心，对教育念念不忘，对同事点滴在心；看到了"沙欧"这位老校长坚持写博，他对学校管理工作有独到见解；看到了"黎明星"作为班主任，对班级工作做到"滴水不漏"，处处透露着对学生的关心和关爱；看到了"燃烛听雨"、"凭栏听雨"……

列车到达学习类——教学、生活处处有知识

作为一名教师，学习是终身的行为。不断读书，不断思考，就会不

断有收获。老师们在工作中学习在工作中反思，他们从一些小事中书写自己的教育心得，体现着普通教育工作者对事业的热爱，真是处处留心皆学问。"xzljc"、"水之恋"、"雨静风聆听"……那么多的博友，用真情记录着工作和生活的点滴。

列车越走越远，我的收获好像总也说不完，作为一名普通的博客新兵，我的感受还有很多，我想我会乘上这列快车越走越远，收获更多美丽的风景，我也希望有更多的教师同行，乘上这列火车，收获更多我们所需要的。我将乘上这列火车不断前进着、收获着。

最后我要说：教师朋友快乘上这列车吧，教育博客这边风景独好……

搭上末班车——我和教育博客的故事

王春法

清晨,从睡梦中醒来,窗外,淅淅沥沥的小雨下个不停。

起床来到屋外,打开门,当那一股清凉的气息迎面扑来的时候,我不禁打了个冷战——季节的变迁悄无声息,但却带给你切肤的体会,秋雨与夏日里的雨不一样,没有电闪雷鸣的助威,不急不缓地下了整整一夜,现在还没有丝毫想要停下来歇歇的意思。

伫立在走廊上,清凉的风吹来,我想着昨天傍晚校长打来的电话:"刚才晁老师来了电话,说教育博客有《我与教育博客的故事》的征稿,咱们学校一个人也没有写,你写一篇吧!"

"我和教育博客的故事,我知道,其实这两天我也在准备着,你放心吧,我一定写。"

当我想到教育博客,便有一丝愧疚,从6月14日到现在,两个多月的时间,我都没有怎么料理自己的博客了。我的博客荒芜了两个多月了,这两个月里我也曾偶尔打开博客,匆匆浏览一下便又离开了,因为我始终无法从父亲去世的哀痛中完全走出来。两个月来,有时我也想写上几句,我感觉到我的大脑总是一片空白,思维是僵硬的,语言是苍白的,失去了写博的心情，于是，便又放弃了。

关于"我和教育博客的故事"的征稿，晁老师还特意通过 QQ 把征稿启事发给我，可我还有一点犹豫。现在，晁老师又亲自打来电话，我知道，我不能再犹豫，否则，真的就辜负了教育博客编辑们殷切的希望。当我想到三月份晁老师和涛哥两人带着教育博客编辑们的殷殷祝福来到我们学校与老师们相聚的情景，一丝歉意涌上心头，我知道，我不能再放弃了。

抬起头，望着那从天而降的雨帘，我的思绪穿过细细密密的雨丝，穿过彤云密布的天空，冲破笼罩在我心头的淡淡的忧伤，飞到我与教育博客相处的美好时光。在那里，我的心里变得明朗起来，与教育博客相处的点点滴滴一下子清晰起来。

我与"郑州教育博客"相识是在 2008 年 3 月，在郑州教育信息网开通自己的博客纯属无意，自己也不明白怎么就想起要注册一个博客，因为我自己知道我本不是一个善于记录自己生活的人，从小到大，我从来没有自觉写日记的习惯，即便是在初中老师要求的情况下，日记也是写得马马虎虎，而且已经没有太多印象了。参加工作后，要写的除了例行公事地写点计划总结之类的东西更是不曾动笔写点什么。

所有的改变都在开通教育博客之后。

然后，像大多数新开通博客的朋友一样，最初的日志写得是有些艰难的，因为总觉得没有什么可以写的，每次总是绞尽脑汁地去写，实在写不出来了，就进行网摘。随着时间的推移，在教育博客待的时间久了，读着博友们一篇篇精彩的博文，在被他们的才华折服的同时，我也渐渐明白了学习的重要，读书的重要。于是，我开始读书，教育类的，文学类的……不断的阅读让我越发感到自己的无知，我便与读书从此结下不解之缘，读得多了，就尝试着写一写，写自己阅读的心得，写自己教学反思，写发生在孩子们之间的事情。写我看到的、听到的事情，总之，我写得范围越来越广，写得也越来越轻松。有时，我还把自己写的文章读给我的学生们听，让他们也分享我写博客的快乐。可以说教育博客塑造了一个崭新的我，你说，我怎能不深深喜爱上她呢？

常听人说网络是虚幻的，但是在教育博客这个虚幻的网络世界，却时时感受到真实在存在。在这里，每一个相识或者陌生的人都是友好的，在这里，我结识了一个个未曾谋面的新朋友，也常常得到朋友们的真切的关心。

最初，新开通的博客，看的人总是少的，但是"颜色"老师和"心灵有翅膀"老师的跟帖，让我受到了鼓舞，有了继续写下去的勇气和力量。

"5.12大地震"发生后，怀着复杂的心情写了几首小诗，《当灾难向我们袭来》《大地，只因你这一颤》《孩子，请不要哭泣》《一路走好》等，点击量大增，记得最多的一首诗达到500多人次，更是增强了我写博客的信心。几天后，看到郑州教育博客将在5月24日举行"郑州教育博客向灾区人民祈福"的活动通知，于是我就积极报名参加，并修改了自己的诗《一路走好》作为参加活动时朗诵的内容。

2008年5月24日那天，本来是区里教师培训年活动，而且是我们学校的李老师讲公开课的时间，但我还是向校长说明了自己的想法，校长也很支持我去参加郑州教育博客的活动。那天，当我和妻子带着不到两岁的儿子走进郑州教育局九楼报告厅的时候，面对一个个素不相识的朋友，却没有一点拘束的感觉，每一个人都在忙碌地准备着，一位女老师为我们系上了黄丝带，会场中间点起了一支支蜡烛，组成了两个大大的"心"形状……那时候，我被博友们的真情感动了。接下来的活动，当主持人第一个喊到我——请听博友"一江春水"带来的诗朗诵《一路走好》的时候，我感到很惊奇，因为我还没有向他们说我要朗诵什么诗呢，至今我也不知道他们是怎么知道我要朗诵这首诗的。在这里没有人介绍自己或者是介绍别人是谁，可是在大家开始为灾区人民捐款的时候，"颜色"老师的一句"一江春水，走吧"让我感动了很长时间，她怎么就认出我就是"一江春水"呢？一切都像迷一样。

就是这样的一群人，深深地感动了我——"果粒橙"（后更名为"歌者"）老师朗诵时泪流满面的情景，"颜色"老师真情演唱《阳光总在风雨后》，"心灵有翅膀"、"高山流水"等老师与他们学校的天使般的孩子一起带来《孩子，请拉住我的手》，"福娃欢欢"带来"化学圈子"的爱心捐款……哪一样不是刻骨铭心的记忆呢？

参加"郑州教育博客向灾区人民祈福"的活动时，我加入到教育博客这个大家庭的时间才刚刚一个月，也是第一次参加教育博客博友组织的活动。从此，我成了教育博客的"奴隶"，读博、写博成了我生活的一部分，只要一有时间，就会端坐在电脑前打开教育博客，看朋友们的作品。打开网络，"郑州教育博客"是我唯一的选择。在这里，我认识了许多朋友："心情颜色"、"心灵有翅膀"自不必说了，"王运涛"、"激情飞扬"、"朽木鱼"、"小风习习"、"梦儿飞"、"牡丹花下客"……虽然大都没有见过面，但却总像是故人一样的亲热。

还记得教师节心情故事，我的《没有鲜花，我依然高兴》获奖了，虽然没有时间去领奖，但我却高兴得不得了，与博客走得更近了，也自然与博客编辑老师熟识起来。尤其是晁老师，每每有同事或朋友开通新的博客，为了使他们在发文章时不再为等待审核而苦恼，我总要麻烦晁老师帮忙把他们的博客转为教育用户，这样一来，我也成了一个小小的教育博客的宣传员了。

在我的带动下，学校里老师差不多每人都开通了自己的博客，写博客成了我们学校的一大特色，在区里也颇受好评。

2009年3月初，第三届教育博客大赛通知刚一出来，我就和陈主任还有辅导员志刚老师商量组织老师们参加这次大赛，我们几个很快便达成一致意见——一起参加。我们又和吴校长商量，把参加博客大赛的想法告诉了他，他听了很高兴，大力支持我们参加——有助于提高老师们的教育教学水平的事情为什么不参加呢？不但在全体老师会上集体讨论此事，还专门邀请教育博客编辑老师晁老师和王运涛老师专程到我校去给老师做辅导。

晁老师说，他是被我们学校的老师们的博客热情感动的，所以把市里另外一所学校领导"清风沐雨"的邀请给拒绝了，将"2009年教育博客校园行"第一站放在了我们这所条件简陋，位置偏远的乡村小学。两位编辑老师的到来和热情洋溢的讲话更给我们注入了无穷的力量。

此后，老师们读博客、写博客的热情空前高涨——每天中午吃饭的时候，都有老师端着饭坐在电脑前，一边吃饭一边看博文，只可惜，学校硬件简陋，电脑太少，远远满足不了老师们的需要。每当这个时候，我总是感动极了，为老师们的这种热情所感动，同时也感谢教育博客给我们提供了这样好的平台。

教育博客大赛后一个月，我和同事"琴瑟"老师的博客被评为"博客之星"，同时，"为今无悔"和"振兴中华"两位老师的博客被评为博客新秀。欣喜之余，我也清楚地知道自己做得很不够，我的博客能给其他朋友带来帮助的东西还不多，也许是我对教育博客的热情感动了各位编辑吧，受如此厚爱，我会加倍努力，把自己的博客做得更好，因为这是我的精神家园。

前几天，看到"梦儿飞"老师的留言："看到你留下的身影，一阵惊喜。多日不见，祝新学期一切顺利！"还有"花下客"老师的留言："为何停博这么多天啊！期待您的新作！'振兴中华'说过您的勤奋和执著。朋友，祝福您！"我再次被朋友们的牵挂和祝福深深感动。我为没有能参加6月27日的博客聚会而感到遗憾。其实我何尝不想与众位博客欢聚一堂呢？可我总害怕自己不小心流露出的悲伤情绪影响了朋友们的好心情，因此，我只能把遗憾留给自己。

可我知道，我离不开教育博客，她已经成为我生命的一部分，已经融入我的血液……

虽然家庭的变故，工作的繁忙，曾使我一度疏远了教育博客，但值得庆幸的是，我终于走出了心牢，挤上了"我与教育博客的故事"这趟列车，成为车上幸福的乘客，我知道，这是一趟末班车……

博客情缘

朱海梅

有人说生活中总会有：一棵树摇动另一棵树，一朵花摇动另一朵花，一片云推动另一片云，一个灵魂召唤另一个灵魂。我想博客在我们的生活中也是如此，它以自己广阔的胸怀，让广大博友在这样的平台上书写自己的情怀，交流不同的人生感悟，留下不同的人生足迹。

博客对于两年前的我，还真是一个新名词。不要说写博客，就是打个字也不会，用拼音打字还是一个一个地敲出来，俗称"一指禅"。可是我心想反正也都不会，干脆用五笔吧，老公说："你能背会字根吗？"我肯定地说："背不会。"难道非背会字根才能打出字来？我还真不相信。心动不如行动，从不在电脑旁逗留的我，开始一本正经地在电脑前"打坐"练功……先从基础的开关机到申请邮箱，一步一步地做下去。还记得写第一篇文章的情景，当时是在网易博客里学写的，字体不会调，颜色不会用，更不用说那美丽的装饰了。当时的情景可以说是历历在目，我把五笔字根放在电脑的旁边，看一个字根，打一个字，就像蜗牛一样向前走。第一篇文章的新鲜出炉，给我带来了不少喜悦。也许就是从那一天起，我也由原来的手写日记，变成了电脑前的一个小网虫，用电脑记录自己的生活，也许这就是我的进步。最让我心动的是，这些随时记录下来的点滴心情成为我生活的一部分。

入住郑州教育博客，也是一个偶然的机会。还记得那是2009年美丽的春天，春天的美丽常带给人的是一份喜悦的心情。正是在好友的推荐下，在这耕耘的季节里，我也在郑州教育博客有了属于自己的小家，开始了自己精神家园的建设。正是有了郑州教育博客大赛的契机，从此一路同行，舍不得放弃手中这份爱，并拉得越来越紧。在这次博文大赛中，我以优异成绩分别获得了第四、五、六季度的博客新秀，并荣获了学习类金奖。奖励对于我们只是一种荣誉，而这些荣誉的背后却需要我们每一个热爱写博的人，用心去感受生活，用一份执著去记录生活，并在写博这条路上拥有一份热情。正是一份热情让我借助郑州教育博客这个平台，给自己生活一个空间，一个记忆，一个梳理，一份情感；我正是借助教育博客这个平台，点滴记录了自己的生活、教子的心得、生活的感悟、教学的点滴，用我手写我心的方式，记录着平凡的生活，平凡的人生。

正是写博让我尘封的记忆，在生活的空隙中一点一点地被点燃，想起自己在成长路上的得失，想起自己人生路上的点滴，想起情感历程中的一段又一段的回忆，想起了很多很多不曾想起的故事。写博丰富了我的生活，改变了我的人生观。我在写博的过程中，学会了总结人生得失，学会了换位思考，学会了用一种心情去生活。而读博，却让我感受到不同人的不同文笔，不同的生活理念，不同的教学方式，让大家在教育博客这个大平台上，相互交流，相互学习，相互切磋，相互提高，相互问候。在这个交流平台上，正是有了大家的热情和真诚，有时会因一个好观点得到了同行的共鸣而心动，有时被其他老师和家长激励着，呼唤起对生活的无限热爱。

"一棵树，如果花不鲜艳，也许叶子会绿得青翠欲滴；如果花和叶子都不漂亮，也许枝干会长得错落有致；如果花、叶子和枝干都不美丽，也许它生长的位置好，在蓝天的映衬下，远远看去绰约多姿，也流露几分美感。"这是一位名家的话。在真实的生活中，我们如果做不了红花，做不了绿叶，那就做一个真实的自我，给自己一个恰当的位置，给自己的心灵一个停泊的港湾，然后去好好地享受每一个生活的点滴，再用自己的手通过博客去记录。

教育发现书系 Discovery

发现最能影响中国教育发展最有代表性的理念，发现中国教育最新的最有价值的探索，发现中国教育最新的最具有推广价值的典型，通过专业化解读，帮助教师理解中国教育改革的精髓，提升专业化水平。

教育发现书系隆重推出

《杜郎口"旋风"》（修订版）	李炳亭 著	定价：32.00
《高效课堂22条》	李炳亭 著	定价：32.00
《向阳的智慧》	李炳亭 杨清瑕 著	定价：32.00
《使人成为人》	司家栋等 著	定价：32.00
《我给传统课堂打0分》	李炳亭 著	定价：32.00
《中国当代课改档案》	李炳亭 洪湖 著	定价：32.00
《校长之道》	姚文俊 著	定价：36.00
《高效课堂九大"教学范式"》	李炳亭 著	定价：32.00
《高效课堂导学案设计》	张海晨 李炳亭 著	定价：32.00
《班级问题诊断》	高影 编	定价：30.00
《治班有道》	高影 编	定价：30.00
《治班有招》	高影 编	定价：30.00
《问题学生诊断》	高影 编	定价：28.00
《课堂问题与争鸣》	叶飞 编	定价：32.00
《教师成长密码》	叶飞 编	定价：32.00
《学校管理智慧：教师成长》	吴盈盈 编	定价：32.00
《学校管理智慧：管的艺术》	吴盈盈 编	定价：32.00
《学校管理智慧：找到学校的魂》	吴盈盈 编	定价：32.00
《学校管理智慧：校长成长》	吴盈盈 编	定价：32.00
《问道中国教育：仰望教育的天空》	雷振海 李炳亭 编	定价：32.00
《问道中国教育：撬动教育的支点》	雷振海 李炳亭 编	定价：32.00
《问道中国教育：追寻教育的幸福》	雷振海 李炳亭 编	定价：32.00
《问道中国教育：改变教育的思维》	雷振海 李炳亭 编	定价：32.00
《问道中国教育：追溯教育的原点》	雷振海 李炳亭 编	定价：32.00
《课改立场：一个区域教育的实践样本》	李炳亭 褚清源 张志博 著	定价：27.00
《问道课堂：高效课堂理念与方法的26个追问》	李炳亭 褚清源 著	定价：28.00
《做幸福的老师》	翟幸福 主编	定价：28.00
《教育即道德》	田保华 著	定价：28.00
《李平老师讲语文》	李平 著	定价：32.00
《发现高效课堂密码》	于春祥 著	定价：32.00
《学校智道》	褚清源 著	定价：32.00

地　　址：山东省济南市英雄山路189号山东文艺出版社
邮　　编：250002
购书热线：0531—82098775　82098777
投稿信箱：jiaoyufaxian@126.com
投稿热线：0531—82098789
读者交流QQ群：69362448

图书在版编目(CIP)数据

做幸福的老师 / 翟幸福主编. —济南：山东文艺出版社，2011.4
ISBN 978-7-5329-3468-3

Ⅰ.①做… Ⅱ.①翟… Ⅲ.①中小学－教师－工作－交集 Ⅳ.①G635.1-53

中国版本图书馆 CIP 数据核字(2011)第 033991 号

做幸福的老师

翟幸福 主编

主管单位	山东出版传媒股份有限公司
出版发行	山东文艺出版社
社　　址	山东省济南市英雄山路 189 号
邮　　编	250002
网　　址	www.sdwypress.com
读者服务	0531－82098776（总编室）
	0531－82098775（市场营销部）
电子邮箱	sdwy@sdpress.com.cn
印　　刷	山东华立印务有限公司
开　　本	710 毫米×1000 毫米　1/16
印　　张	18
字　　数	221 千
版　　次	2011 年 6 月第 1 版
印　　次	2019 年 11 月第 5 次印刷
印　　数	15001～16000
书　　号	ISBN 978－7－5329－3468－3
定　　价	35.00 元

版权所有，侵权必究。如有图书质量问题，请与出版社联系调换。